高校体育课程思政设计与探索

主　编　朱晓菱
副主编　冯慧春　李　婷

上海大学出版社

图书在版编目(CIP)数据

高校体育课程思政设计与探索 / 朱晓菱主编；冯慧春，李婷副主编. —上海：上海大学出版社，2023.1
ISBN 978-7-5671-4667-9

Ⅰ.①高⋯ Ⅱ.①朱⋯②冯⋯③李⋯ Ⅲ.①高等学校-思想政治教育-教学研究-中国 Ⅳ.①G641

中国版本图书馆 CIP 数据核字(2022)第 244185 号

责任编辑　黄晓彦
助理编辑　颜颖颖
封面设计　缪炎栩

高校体育课程思政设计与探索
朱晓菱　主编
上海大学出版社出版发行
(上海市上大路 99 号　邮政编码 200444)
(http://www.shupress.cn　发行热线 021-66135112)
出版人：戴骏豪

*

江苏句容排印厂印刷　各地新华书店经销
开本 890mm×1240mm　1/32　印张 5　字数 135 000
2023 年 1 月第 1 版　2023 年 1 月第 1 次印刷
ISBN 978-7-5671-4667-9/G·3481　定价：36.00 元

版权所有　侵权必究
如发现本书有印装质量问题请与印刷厂质量科联系
联系电话：0511-87871135

前　　言

　　体育教学是贯穿立德树人的有效载体,教师针对专项特点对学生有的放矢地进行品德教育,是体育教学的任务之一。

　　体育教学部贯彻习近平总书记在全国高校思想政治工作会议上的重要讲话精神,"要用好课堂教学这个主渠道,各类课程都要与思想政治理论课同向同行,形成协同效应";落实习近平总书记在全国教育大会上提出的"要树立健康第一的教育理念,开齐开足体育课,帮助学生在体育锻炼中享受乐趣、增强体质、健全人格、锤炼意志"要求。围绕学校"市课程思政整体改革领航高校"和"市'三全育人'示范高校"建设,以立德树人为根本,追求卓越,"一流大学"要有"一流体育",构建个性化体育课程思政体系,加强顶层设计,满足不同层次学生的体育需求,充分发挥体育的育人功能,发挥体育对校园文化的引领作用,弘扬体育精神,传播体育向上的力量,形成"三全育人"全覆盖的体育育人格局。

　　体育教学部通过"以赛代课"的课程改革、学生体质测试、高水平运动队、体育类社团、校内外竞赛、表彰体育先进等为抓手,挖掘体育多元育人功能,引导学生走向操场,参与体育锻炼,塑造追求卓越、突破自我、奋力拼搏的精神品格,让体育运动成为学生校园生活的重要部分,营造浓厚的体育育人氛围。

　　课程思政设计是体育部每位教师全面落实课程思政工作要求,推进体育课程思政实践在体育教学中的具体体现。在体育教学过程中,教师大胆探索,通过理论课程的思政设计,在实践教学中采用启发、探究、分组教学等方式,把思政元素融入其中,培养学生的集体主义精神、爱国主义精神和拼搏精神;培养学生的竞争意识与合作精神;培养学生的法律和规则意识;培养学生诚实守信、尊重科学、追求美好事物,积极向上的思想品格。

全体教师在课程思政建设过程中,凝聚共识,坚持立德树人根本任务,担当教书育人职责,充分挖掘体育的育人功能,发挥体育在培养学生的意志品质、道德修养、人格魅力等方面具备的学科优势,润物无声,形成长效机制,引导学生坚定"四个自信",努力成为堪当民族复兴重任的时代新人。

编 者

2022 年 8 月

目　　录

高校公共体育课程思政教学指南……………………………朱晓菱　1
普通高校公共体育课程与思政教育融合探析……………朱晓菱　11
科学锻炼
　　——体育理论思政案例设计探索………………………朱晓菱　17
导引养生课程思政设计探索…………………………………徐海朋　22
民族传统体育课程思政设计探索
　　——以太极拳"野马分鬃"动作教学为例 ……………冉斯铭　33
高水平足球线上训练课程思政设计探索………胡泽勇　袁　晶　36
足球课程思政设计探索
　　——以"足球文化赏析与裁判法"为例 ………………金　俊　44
篮球课程思政设计探索…………………………………………柏　杨　51
篮球课程思政设计探索
　　——以"弘扬篮球场上的体育精神"为例 ……………高雪蕾　59
女子篮球竞赛班课程思政设计探索…………………………戴根泉　65
排球课程思政设计探索…………………………………………冯　园　68
健美操课程思政设计探索………………………………………徐　斌　72
健美操课程思政设计探索
　　——以《歌唱祖国啦啦操套路》教学为例 ……………李　婷　76
花样跳绳课程思政设计探索
　　——以"开学第一课"为例 ……………………………王丹丹　82
排舞课程思政设计探索
　　——以《没有共产党就没有新中国》排舞为例 ………丁　悦　90
健美课程思政设计探索………………………………………钱立宏　93
健身瑜伽课程思政设计探索…………………………………段雪梅　99

身体活动与健康促进课程思政设计探索 …………… 马　成 102
运动损伤与急救课程思政设计探索 ……………… 林　娟 105
软式曲棍球竞赛课程思政设计探索 ……………… 朱晓菱 108
英式触式橄榄球课程思政设计探索
　　——以"多人边路战术配合"为例 …………… 潘　捷 113
空手道课程思政设计探索 …………………………… 吕晓标 119
柔力球课程思政设计探索 …………………………… 钱立宏 124
羽毛球竞赛课程思政设计探索
　　——以"运动员与裁判的培养"为例 ………… 谢耀良 129
网球课程思政设计探索
　　——以"中国网球运动发展史"为例 ………… 董海军 135
网球课程思政设计探索
　　——以"网球运动发展基本理论和基本规则"为例 … 索红杰 139
乒乓球课程思政设计探索
　　——以"乒乓球竞赛基本理论"为例 ……… 孙　婕　张龙斐 146

高校公共体育课程思政教学指南

朱晓菱

一、体育课程思政核心内涵

坚持立德树人,培养德智体美劳全面发展的社会主义建设者和接班人,是我国高等教育的根本任务。2016年,习近平总书记在全国高校思想政治工作会议上指出:中国高校应该坚持社会主义办学方向,并提出新时期高校思想政治工作的"全员育人、全程育人、全方位育人"方针。2020年教育部关于印发《高等学校课程思政建设指导纲要》(以下简称"纲要")的通知,提出全面推进课程思政建设是落实立德树人根本任务的战略举措,全国所有高校、所有学科专业都要全面推进。

课程思政就是要依托课程自身特点,积极发掘专业知识中蕴含的思想政治教育价值和资源,整合第一课堂和第二课堂、有形资源和无形资源,在知识传播中强调价值引领,发挥所有课程育人功能,构建全面覆盖、类型丰富、层次递进、相互支撑的课程体系,使各类课程与思政课同向同行,形成协同效应。

高校公共体育课程是大学生以身体练习为主要手段,通过合理的体育教育和科学的体育锻炼过程,达到立德树人、增强体质、增进健康和提高体育文化素养为主要目标的公共必修课程,是学校课程体系的重要组成部分,是高等学校体育工作的中心环节。体育课程是促进身心和谐发展、思想品德教育、文化科学教育、生活与体育技能教育和身体活动有机结合的教育过程,是实施素质教育和培养全面发展人才的重要途径。为此,体育思政课程要围绕体育教育的特点,面向国家"两个一百年"的发展目标,深入理解体育强国、健康中国的战略目标,针对新时期理工科大学全面发展人才培养的需求,研制公共体育课程思政的教学指南,用于指导大学公共体育课教学。

二、体育课程思政教学理念

1. 指导思想

为全面贯彻党的教育方针,坚持马克思主义指导地位,贯彻新时代中国特色社会主义思想,落实立德树人的根本任务,努力培养担当民族复兴大任的时代新人,培养德智体美劳全面发展的社会主义建设者和接班人,依据《国务院办公厅关于印发体育强国建设纲要的通知》(国发[2019]40文件)、《"健康中国2030"规划纲要》和《学生体质健康标准实施办法》的文件要求,落实习总书记在全国教育大会上提出的:"要树立健康第一的教育理念,开齐开足体育课,帮助学生在体育锻炼中享受乐趣、增强体质、健全人格、锤炼意志"的要求。在"健康第一"的思想指引下,"以人为本",将增强学生体质健康、改善心理状态以及提高社会适应能力作为体育教学的出发点,面向全体学生开设多种类型的体育课程,满足不同层次、不同水平、不同兴趣的学生需求,充分调动学生和教师的积极性与创新性,培养学生形成经常锻炼的习惯以及终身体育意识。并根据目前学生体质状况,结合上海理工大学体育教学师资、场地、器材等实际情况,有目的、有计划、有针对性地进行体育教学改革,丰富体育教学形式、教学内容以及教学方法与手段,不断探索适合我校以及社会发展的体育教学特色。

2. 基本原则

(1) 坚持顶层设计。以国家课程思政教学改革为总体目标,坚持学校和学院两层级顶层设计。针对体育课程思政教学中存在的问题,遵循思想政治工作规律、教书育人规律和学生成长规律,明确体育课程思政育人目标,优化教学方案,健全评价体系,充分发挥体育课专业教师对体育课程思政工作的主体作用,将思想政治教育融入体育课程教学、课外锻炼、校内外竞赛、线上课程的全过程。

（2）坚持体育育人特色。体育在培养人们健康、合理的生活方式,集体主义精神,爱国主义精神,刻苦耐劳,顽强拼搏精神等方面有着重要作用。增强体质,强国,这是体育的本质功能。人在进行体育运动时,需要克服许多由运动产生的特有的身体困难,对锻炼一个人内在的意志品质具有独特的功效。体育竞赛能有效地培养人们的竞争意识和团结精神,为社会构建提供公平公正公开的价值体系和价值。体育能够丰富个人和社会的文化生活。这些都与思政教学有着天然的内在联系,体育德育资源的感染性与教学的实践性,给大学生提供了一个有效的思想道德原则与规范的内化情境和过程,起到润物细无声的教学效果。体育课程思政教学需要围绕各项目特点,挖掘提炼思政元素融入体育教学工作的各个方面。

（3）创新思维的原则。体育课程思政必须紧跟高等教育改革步伐,主动适应教学改革,将体育教学的作用持久地发挥出来,服务广大师生,提升大学生的综合素质。体育教育虽然有较全面的体系,但是在实际的体育教学训练中,由于人的个体差异以及各学校的教学资源、环境等因素的差异,制约着体育教育的发展。针对各种制约因素,通过创新教学方式、教学手段、教学评价等,提升课程思政教学质量。在进行创新思维引导时,重点要注意以下几点:一是把握体育运动的规律,在深刻理解和掌握教学内容和难点的基础上开展有目的的体育创新;二是以人为本,深刻领会个体差异,在了解个体差异的基础上开展创新;三是循序渐进地开展创新,不能超越客观事实,并不断总结经验。

2. 体育课程思政教学目标

总体目标:通过体育课程思政,全面落实立德树人的根本任务,增强学生体质、健全学生身心、完善学生人格,以体育竞赛为引领,提高学生运用体育知识和技能解决问题的能力,引导大学生崇尚科学、自信自强、志向高远、敢于担当、团结协作、顽强拼搏、奋勇争先,培育大学生强烈的爱国主义情怀,通过全员、全过程、全方位的育人,培养德智体美劳全面发展的社会主义建设者和接班人。

具体目标：

（1）强身健体目标：通过"学、训、赛"深度融合课程体系，让学生掌握有效提高身体素质、全面发展体能的知识与方法，掌握1-2项体育运动项目，养成良好的生活行为习惯，形成健康的生活方式，拥有健康的体魄。

（2）心理健康目标：通过体育活动改善心理状态、克服心理障碍，养成积极乐观的生活态度；在运动中体验运动的乐趣和成功的感觉。在具有挑战性的运动环境中表现出勇敢顽强的意志品质。一是培养学生顽强拼搏、克服困难、超越自我的意志品质；二是学会调控情绪的方法。

（3）社会适应目标：通过团队合作教学与竞赛，培养学生集体主义观念、爱国主义精神，以及良好的体育道德和合作精神；正确处理竞争与合作的关系；培养学生抗挫折意识、服务意识和执行力。

三、公共体育课程思政教学要求

1. 立德树人是体育课程思政的本质

体育课程思政要为学校体育落实立德树人任务固本强基，把立德树人贯穿于体育教学全过程和大学生成长成才全周期，追求育人无时不有。为拓展学校体育培养人才路径打造助推器，更要为挖掘学校体育育人功能开凿蓄水池。

2. 协同育人是体育课程思政的理念

建立学校体育委员会统领下，体育教学部、团委、学生处、研工部、各学院和各职能部门协同参与学生体育思政一体化育人机制；协同社会资源，拓展体育育人平台。遵循思想政治教育规律，遵循教书育人规律，遵循大学生成长规律，把做人做事的基本道理、社会主义核心价值观的基本要求、实现中国梦的伟大理想和责任担当润物细无声地渗透到体育课程教学之中。

3. 立体多元是体育课程思政的结构

面向人人，设计多元立体，课程纵向多元化，横向课内外、校内外一体化立体式育人体系,架起体育知识传授与心灵成长、体育价值塑造和体育能力提升的良性互动桥梁,实现体育课程思政全员建设的目的。

4. 显隐结合是体育课程思政的方法

通过深化显性的体育课程目标、内容、结构、模式等方面的改革,把具有隐性的政治认同、国家意识、文化自信、人格养成等思想政治教育元素创造性转化、创新性发展为全面而深刻地挖掘体育课程中蓄积的体育文化、凝聚的体育精神、蕴含的体育价值、形塑的体育风貌,运用体育课程思政的建设过程来提升大学生的运动能力、健康行为、体育品德等核心素养。

5. 科学创新是体育课程思政的思维

体育课程思政首先要重视科学思维,把辩证唯物主义和历史唯物主义的思维方式贯穿体育课程始终,以新思维催生新思路,以新思路谋求新发展,以新发展推动新方法,以新方法解决新问题,实现课程思政的创新发展。上海理工大学体育部教师积极参与"课程思政教育教学"大比武,把与体育课程知识密切相关的人物、历史、事件等凸显体育精神的思政元素内容渗透到体育教学中。

四、公共体育课程思政教学设计

1. 体育课程育人功能

广义的体育是指以身体练习为基本手段,以增强人的体质,促进人的全面发展,丰富社会文化生活和促进精神文明为目的的一种有意识、有组织的社会活动。狭义的体育是一个发展身体,增强体质,传授锻炼身体的知识、技能,培养道德和意志品质的教育过程;是对人体进行培育和塑造的过程;是教育的重要组成部分;是培养全面发展的人的一个重要方面。体育课程育人功能包括:

(1) 培养毅力,锻炼意志。体育运动的锻炼过程,是一个相对枯燥和劳累的过程,只有长时间的重复练习才能够达到效果。体育运动过程中遇到的很多挫折,也是十分重要的意志磨炼。

（2）竞争意识，团结协作。竞赛是体育的一个显著特点，共同锻炼、共同输赢、为了一个目标去努力，通过参与体育竞赛，可以激发荣誉感和进取心，能有效培养人们的竞争意识和团结协作精神。

（3）学习能力，规则意识。体育运动想要入门，都需要积极的动脑和自我调整：我哪里没有做好，怎样才能达到效果，我想要如何变得更强。在一些球类运动中，更是需要不停地动脑来提高和赢得比赛。体育具有严格的行为规范和竞赛规程，个体在参与体育锻炼时，要遵守公开、固定的规则，这能有效培养个体的行为规范意识。

（4）与人相处，承担责任。体育运动中的团队合作，培养出直接交流的坦诚，为了一个目标互相鼓励和支持。在参与体育运动的过程中养成负责任的态度，不会去抱怨他人，也不会去埋怨客观原因，反而会积极自我反思。

2. 体育课程思政的优势

（1）学生对体育的认知度比较高。生命在于运动，通过运动强身健体。

（2）体育感染力强。体育竞赛活动进行过程中特有的热烈生动的氛围，会让大学生产生一种不由自主的融入感和参与感。

（3）体育课实践性显著。学生在参加体育实践活动的过程中，其自我参与和亲身的体验更易达到内心震撼，形成对思想道德观念和价值的理解和认可，比单纯的理论性德育教育更易被内化为自身品质。

3. 体育专项课的思政设计

公共体育课程思政坚持"以人为本""立德树人"的指导思想，聚焦体育与健康理论知识和专项理论知识，专项技能和身体素质三个模块知识点传授和身体练习，以课堂教学、课外锻炼、校内外竞赛为抓手，以线上线下课程、体育类社团为依托开展课程思政教学。

（1）丰富课程教学内容。体育课程思政承载着丰富的价值取向，是知识、技术和价值观相结合的三维立体教学过程。体育课程思政不是简单的在教学环节中生搬硬套思政内容,而是精准萃取体育资源中能够促进高校学生全面发展的隐性思政元素,再根据项群理论,构建"知识模块"和"价值模块",建立体育课程思政资源库。根据运动项目的不同,选取不同价值取向的思政元素差别嵌入体育学科知识和运动实践活动中,是实现学生运动能力、健康行为的有效途径,更是体育品德形成的重要渠道与载体。

表1 体育课程思政教学要点

知识单元模块	知识传授和能力培养要点	要求	课程思政教学要点
理论知识	体育运动基本理论知识 专项理论概述 竞赛规程和欣赏	掌握	体育强国使命,规则意识,团队合作,健康生活方式,生命伦理
专项技能	专项技术 专项战术 专项素质	熟练	吃苦耐劳意志品质,规则意识,团队合作,沟通表达,责任担当抗挫折能力;分析问题、解决问题应变能力;精益求精工匠精神
身体素质	适应运动的基础能力: 力量素质、速度素质 耐力素质、柔韧素质 灵敏素质	熟练	持之以恒、坚忍不拔、顽强进取的意志;强身健体,健康生活

(2) 创新课程教学方法。体育课程思政要根据教学目标和教学内容,选择相适应的教学方法,引入信息化教学方法,采用探究式、分组研讨、虚拟教学、情景教学等教学方法将思政元素融入体育课程中。发挥教师主导地位和学生主体地位,在教学组织过程中,根据不同教学内容,灵活采用不同教学组织形式。在具体教学中,创建"互动+体验""自主+合作"的新型教学组织形式,提升体育课程思政的教学效果。

(3) 开拓课程思政渠道。以课堂教学为主,以社团锻炼、校内外竞赛、社会实践体验学习为辅,多渠道实现体育课程思政。面向人人开展多元体育课程思政的教学:高水平运动训练课、高阶竞赛课、专项课、体质促进课、减脂课和保健课。设计人人可参与的课外运动形式:跑步打卡、智慧跳绳、社团活动、自主锻炼及校内外赛事。拓展服务资源:建立"赛事运营中心""健康促进"两个劳育基地;筹建"特奥研究中心"拓展体育育人渠道,培养学生责任担当,提升社会服务意识。

(4) 优化教学评价体系。体育课程思政的实现路径中,为实现全面育人的目标,需要根据知识、能力、情感三位一体的教学目标,包括评价主体多元化、评价内容多元化、评价方法多元化等元素,制定多元结构的体育课程评价体系。在评价过程中,将过程与结果评价相结合,定性与定量评价相结合,自评与他评相结合,课内课外结合,并根据考核评价体系科学的反馈,进行教育目标与内容的反向调整,保障体育课程思政的顺利实施。

五、体育课程思政教学践行路径

体育所蕴含的这些德育功能,与高校思政教育培养学生社会主义核心价值观"爱国、敬业、诚信、友善"的内容具有一致性。卢梭在其名著《爱弥儿》中说道:"什么是最好的教育?最好的教育就是无所作为的教育:学生看不到教育的发生,却实实在在地影响着他们的心灵,帮助他们发挥了潜能,这才是天底下最好的教育。"体育就是人格教育的最好方式。体育课不仅传授知识,教体能、技能,更要强调育人。

1. 课程思政落地的关键是教师

教师是课程的实施者和引导者,教师的政治素养和思想水平、教师的学术能力、教师的授课艺术对学生起着潜移默化、至关重要的作用。教师要转变观念,回归教育初心,把立德育人作为根本任务,自觉提升德育素养和专业能力,主动担当育人使命。

(1) 凝聚共识,提升教师的育德意识和能力。一是提高认识,凝聚共识:开展"为人、为师、为学"主题教育活动,结合教育思想大讨论,围绕"体育竞赛班改革""学风建设和学生成长""体育课程思政"研讨等主题,不断提高认识,凝聚共识。二是加强学习,提升能力:加强教师思想政治教育、师德师风建设,通过学习、研讨、讲座、辅导报告、案例教学等形式开展教师育德意识和能力提升活动。

(2) 发挥党员的先锋模范作用。通过党员教师在学校、体育部中心工作的参与度等激励措施,引导党员教师在课程思政建设中发挥表率作用。

(3) 发挥党组织战斗堡垒作用。组织围绕中心,服务体育部事业发展,开展卓有成效的工作,发挥党组织战斗堡垒作用。通过"三会一课"、主题党日、专题组织生活会等活动,加强党员教师在课程思政建设中的引领作用。

2. 聚焦学生体育素养培养

教学目标聚焦学生自主性学习和锻炼能力的培养,提高学生实战能力,养成终身锻炼的习惯和良好的品格。教学设计以学生自主锻炼和比赛为主,教学方法采用探究式教学方法为主。通过发现问题,分析讨论,找方法,制定方案,实施,验证,再修订,不断提升学生发现问题、研究问题和解决问题的能力,培养学生的创新思维、团队合作及追求卓越的能力。使每一位同学都能在锻炼探究中找到自己的角色,真正激发学生学习的兴趣和钻研能力。培养学生成为会锻炼、会欣赏、能评价的社会体育骨干,培养学生规则意识、竞争意识和团结协作精神。

3. 挖掘不同项目育人特色

体育课程是一门实践性很强的学科,不同的体育运动项目给人的感受千差万别,其思想教育目的也不尽相同。教师要根据专项的特点和实际,结合不同场景对学生进行德育教育,使其更加具有亲和力和针对性。要不断探索,抓出成效,形成自己的特色,为思想政治教育融入体育教学长期持久的开展提供经验和方法。

4. 拓展育人途径

以课堂教学为主,以体育类社团、校内外竞赛、课外自主锻炼为拓展,打造良好的校园氛围,积极营造健康活力校园。吸引学生克服惰性，主动参与体育锻炼，亲身体验体育的魅力。以社团服务社会，培养青年学生的责任担当和服务意识。让德育教育贯穿体育教学工作的各个环节，使学生在参与体育锻炼的过程中获得健康的体魄、健全的人格。

普通高校公共体育课程与思政教育融合探析

朱晓菱

随着时代和科技的飞速发展,知识更新的速度越来越快,当前在校的大学生已习惯于从网络、媒体中获取信息和知识。同时,西方国家也积极通过网络、影视等各种途径进行意识形态渗透,处在变革中的中国社会思想文化、价值观念受到了多元化冲击,而在其中,青年学生更加容易产生思想困惑和价值迷失。因此,在高校中深入开展社会主义核心价值观的教育,已是当前思想政治教育的重中之重,必须持之以恒,常抓不懈。但是,在普通高校中,作为对大学生进行思想政治教育主渠道的高校思政课程,由于形式不能与时俱进,理论流于说教,教育内容与社会文化、现实存在脱节,对大学生日益缺乏吸引力。

"德育是学校全部教育的灵魂、归宿与价值指向。"为了提高大学生德育教育的现实性、有效性和多样性,我国的普通高校教育主管部门在保持思政课程教学主渠道不变的同时,进一步将体育等课程与思想政治理论课进行统筹规划,紧抓主旨,动静结合,高度融合,形成合力。

一、高校公共体育课程与思政融合的可行性

思想政治教育以下简称思政,以培育社会主义核心价值观为教学目标,承担着对学生开展马克思主义立场观点和方法的教育、帮助学生树立正确人生观和价值观、养成良好的行为习惯的教学任务。而学生良好品格和行为习惯的养成,不仅需要"教",更需要"育"。不仅需要严格的教学和纪律约束,更需要动态的品德践行。所以,思政最终必须实现学生通过参与实践过程,通过亲身体验,不断将社会

的道德规范要求内化为自身的道德要求,从理论到实践,再从实践到理论的飞跃,这是当前思政改革的难点,更是重点。

1. 体育蕴含的丰富德育资源,为课程思政改革提供可行性

现代体育并不是狭义的锻炼身体,活动筋骨,而是人类一种有意识的身体活动,是人类为了实现一定目的而专门设计的身体运动,它有一系列严格的规则、要求和动作规范。体育的过程不仅仅是增强体能、传习技能的过程,还伴随着对道德和智力的培养。毛泽东在《体育之研究》一文中指出:"体者,载知识之车而寓道德之舍也。"

第一,个体在进行体育运动时,特别是在运动训练过程中,要克服许多由运动产生的特有的身体困难,它对一个人内在的意志品质具有特殊的培养和陶冶作用。

第二,竞赛是体育的一个显著特点,通过参与体育竞赛,优胜劣败,决出名次,可以激发荣誉感和进取心,能有效培养人们的竞争意识和团结协作精神,并能让人们理性地看待胜负。赢者更加自信,继续努力,不骄不躁;输者毫不气馁,总结经验,迎头赶上。

第三,体育具有严格的行为规范和竞赛规程,个体在参与体育锻炼时,要遵守公开、固定的规则,这能有效培养个体的行为规范意识。此外,体育运动向社会和公众展示以公平、公开、公正为核心的价值体系和价值标准,已经得到不同民族和国家的普遍尊重和推崇,例如奥运会、世锦赛等。这种"阳光下的公平竞争",正是现代人类社会所需要重新构建的价值体系、价值标准和道德核心。

综上所述,体育所蕴含的这些德育功能,与高校思政教育培养学生"爱国、敬业、诚信、友善"的社会主义核心价值观内容具有一致性。

2. 高校体育课程目标,为课程思政改革提供保障

体育教学是普通高校教育的基本组成部分,其根本指导思想是坚持"立德育人"。2014年6月,教育部印发的《高等学校体育工作基本标准》指出,挖掘学校体育在学生道德教育、智力发展、身心健康、审美素养和健康生活方式形成方面的多元育人功能,有计划、有

制度、有保障地促进学校体育与德育、智育、美育有机融合,提高学生综合素质,并提出了体育课程的五个培养目标。

其中前三个目标:一是增强学生体质;二是提高学生专项技能,养成终身锻炼的习惯;三是强健其体魄,使学生能为祖国健康工作五十年。而人的身体素质是思想道德素质和科学文化素质的物质基础,也是一个民族和国家强盛的基础。

另两个目标——心理健康与社会适应目标还细分为四个方面:一是培养学生顽强拼搏、克服困难、超越自我的意志品质;二是学会调控情绪;三是培养学生公平竞争、团结协作的社会意识;四是培养学生集体主义、爱国主义精神,具有良好的体育道德。

高校体育课程标准的五个目标,不仅反映了大学阶段体育课程的教育目的,它更是以社会主义核心价值观为价值依据和价值标准,明确了学校体育的德育价值,为实现"育体"与"育人"的有机融合指明了方向,为体育课程思政改革指明了方向。

3. 高校体育课程进行思政教育的优势

大学生世界观、人生观、价值观的确立,以及行为规范的形成,都需要有动态的品德实践和体验的过程。要养成大学生良好的意志品质和行为习惯,既需要高校提供严格的考核标准和纪律约束,更需要学生自身具有对理想的不懈追求和对自律慎独的坚持。潜移默化是德育教育的最高境界,它往往通过把教育的意向、目的隐藏在与之相关的载体中,通过耳濡目染,亲身体验,在不知不觉中自然地达到预设效果。在这方面,体育具有得天独厚的优势。体育就是这样一种德育教育,其德育资源的感染性与教学的实践性,给大学生提供了一个有效的思想道德原则与规范的内化情境和过程。

首先,体育课得到学生的广泛喜爱。从历年调研的情况看,尽管同为高校一、二年级必修课,但普通高校思政课普遍没有体育课受到大学生的欢迎和喜爱。所以体育教育在普通高校具有得天独厚的寓教于乐的思想政治教育优势。

其次,体育课感染力强。体育是当今世界最具影响力的文化之一,参与或观看体育运动已成为许多大学生的兴趣和爱好,优秀运动员是许多大学生喜欢和崇拜的对象,加上体育竞赛活动进行过程中特有的热烈生动的氛围,会让大学生产生一种不由自主的融入感和参与感。这使体育更容易激发群体性情绪,继而通过激情的迸发,在个体身上自然而然地染上烙印,实现特定道德原则与规范的内化,这也是"思政课"课程教学的目标和追求。

最后,体育课实践性显著。体育课是一门实践类课程,体育课通过学生直接参与体育实践活动来实现体育的德育功能和价值。大学生在参加体育实践活动中,经历直接的情绪体验,才能够更深刻地接受到这一教育。这种在运动中弘扬德育、寓教于"行"的教学过程和方法,其自我参与和亲身体验更易达到内心震撼,形成对思想道德观念和价值的理解和认可,比单纯进行理论性德育教育更易被内化为自身品质。因此,一旦"思政课"课程教学与大学生体育实践活动建立紧密联系,对体育行为所展现出的竞争精神、规则意识、团队精神、责任感和意志品质等进行及时准确地思想引导和总结,"思政课"课程的效果必将事半功倍。毋庸置疑,体育教育的德育资源独具把个体内在的思想品德转化为自身行为规范的重要功能。

二、普通高校公共体育课程与思政课程融合的设计

普通高校体育课程与思政课程融合要实现的目标,是既要造就大学生强健的体格,更要培养大学生的拼搏精神、团结意识、奉献精神、接纳与超越自我等诸多优良品质,切实将高校体育锻造为当前最好的教育之一。

普通高校公共体育课程中融合开展思政教育,首先在课堂教育上体现育人,体育课堂教育一般由理论课程和实践课程组成。

1. 理论课程的德育设计

高校公共体育课一学期一般设有2-4学时的理论课。理论课教学方法采用教师讲授、多媒体教学等手段为主,教学内容主要包括

体育运动基本理论知识、专项理论知识、竞赛规程和欣赏等。教师要根据不同素材对学生进行思政渗透。例如通过讲解比赛规程,引导学生服从裁判,遵纪守规,公平竞争。通过欣赏体育运动会竞赛,例如观看林丹与李宗伟的比赛,两位队员的顽强拼搏精神深深地感染每个学生,他们的每一次奋力救球都牵动学生的爱国之心。当比赛结束,观众掌声、欢呼声响起,引导学生掌声是献给双方球员,既为获胜者欢呼,同时也为失利者的高超技艺和顽强拼搏喝彩,引导学生正确看待比赛输赢,只要奋力拼搏同样受人尊敬。通过赛场上升国旗、奏国歌的动人场面,牵动学生的爱国热情,增强其民族自豪感。

2. 实践课程的德育设计

高校公共体育课一学期一般设有12-14学时的实践课。实践课教学内容包括基本素质、专项技战术、教学比赛,教学方法主要采用:启发式教学、探究式教学、分组教学等。教师要掌握教学内容的特点,积极营造团体练习氛围,针对不同内容采用不同教学手段对学生进行思政渗透。

一是在学生体育运动锻炼中碰到困难,引导学生克服困难,超越自我,培养其顽强的意志品质。二是通过分组技战术练习及参与比赛调动学生主动学习,激发学生团结协作的集体主义精神。三是通过教学竞赛及裁判实习,培养学生公平公正的价值观念,让学生正确对待体育竞赛的胜负,赢者要继续努力,不骄不躁;输者永不气馁,迎头赶上。

3. 课外体育教育资源的德育设计

高校体育除课堂教育外还包括社团、校内外竞赛、早操、课外活动等。教师要善于利用素材对学生进行思政渗透,通过设计人人可参与的丰富多彩的课外锻炼形式,营造良好的校园锻炼氛围,让学生在运动实践中把思政教育内化为行为规范和品德。通过整合社会资源,例如与社区合作,建立特奥中心等,为学生搭建服务社会的平台,提升学生责任担当和服务意识。让德育教育浸润整个高校体育教育工作的各个环节,让学生形成健康体魄、健全人格。

三、高校体育公共课程与思政课程融合的难点

高校体育工作一直以来更多地强调了学生体质和专项技能训练,忽视了体育的德育功能。一是由于高校教育工作中体育教育还处在边缘化的地位,影响体育教师教学积极性。二是体育工作中学生的体质和技能评定都有明确的评价体系,然而德育没有,导致学校体育工作中弱化了育人的功能。完善高校体育德育保障体系和体育德育评价体系,这是体育课程思政教学改革职亟需解决的问题,这需要从思政的角度,从整体的角度协同有关部门共同完成。

体育课程是一门实践性很强的学科,不同的体育运动项目给人的感受千差万别,其思想教育目的也不尽相同。教师要根据专项的特点和实际,结合不同场景对学生进行德育教育,使其更加具有亲和力和针对性,这要求教师要具备融合多门课程的能力。教师要生动、有效、精心组织好课程的各个环节,同时又在教学中尊重学生个性的需求,这要求教师具备较高职业素养。提高教师的体育素养和思政素养,也是高校体育课程思政改革的重点。

科 学 锻 炼
——体育理论思政案例设计探索

朱晓菱

一、课程背景

2022年1月份以来,随着新冠肺炎疫情形势的变化,我们的工作和生活都开启了一种新的模式。疫情防控,对于人民群众的生命安全和身体健康来说,是一场保卫战。疫情期间习近平总书记的系列重要讲话和批示要求,要把人民群众的生命安全和身体健康放在第一位。对于防疫来说,提高自身抵抗力就是良药之一。研究证明,有规律的中等强度的运动有助于提高免疫力,科学健身就是为了让我们安全有效地获得最佳而持久的锻炼效果。

二、课程介绍

体育理论课是一门围绕课程思政"立德树人"的建设要求,充分发掘体育史,挖掘各项目课程的思政资源,丰富和提升体育项目课程思政建设的特色,培养学生爱党爱国、追求卓越、拼搏奉献的青春激情,要求学生们掌握在运动时遵循运动技能形成的规律和人体生理变化的规律,通过自我监控,达到锻炼目的的课程。

体育理论课内容包含:体育概述、体育与健康、科学体育锻炼、急救常识与损伤处理、体质健康测试和体能等理论知识;以及各专项项目的起源、发展、基本技战术和竞赛规则。教学目标在于普及科学锻炼知识、提高运动健康认知能力、培养建立运动健康新生活方式,最大限度满足学生对美好生活和个性化、时尚化锻炼的需求。

科学体育锻炼内容,便于让学生充分地了解科学锻炼的安全性原则、全面发展原则、循序渐进原则和持之以恒原则,以掌握科学锻炼的方法,有效避免运动损伤,促进身体全面发展,养成良好的健康生活方式。

三、课程思政教学设计思路

1. 课程思政建设方向和重点

引导学生掌握科学锻炼的原则和方法,学会合理地制定锻炼计划,掌握监测运动量的方法,提升其对运动促进健康的认知水平,帮助其自觉建立健康的生活方式。

2. 课程思政建设目标

引导学生关注健康,提升强身健体的认知,培养学生自主锻炼的习惯,养成终身体育的意识。

3. 设计思路

通过科学锻炼原则和方法的讲解,钟南山、韩寒热衷锻炼的榜样,教师的身体力行,使学生明白参与有效的体育活动贵在持之以恒,激励学生积极进行居家体育锻炼,增强体质,提高免疫力,关爱生命,与抗疫同行,实现体育课思政育人润物细无声的效果。

四、教学实施过程

1. 问题导向

疫情之下,张文宏专家提出:抗击新冠肺炎,最好的药就是免疫力,目前有效预防的方法就是减少外出活动。长时间居家容易导致体力活动减少,身体免疫力降低。大量研究证明,运动与免疫力息息相关,故而居家锻炼的重要性得到了普遍的重视。

美国运动科学院(NAK)院士、美国伊利诺伊大学Jeffy A. Woods教授团队(2005)研究发现,30分钟中等强度的运动对患有流行性感冒的小鼠的生存率,明显比运动量小和长时间运动的小鼠的生存率高,久坐不动或过度训练则可能导致免疫功能下降,感染风险增高。中等强度的运动能够有效提高免疫力,剧烈运动、运动过度均会导致免疫力的降低。如何科学地运动,什么是科学的运动量等问题也随之而来。可以通过同学讨论，教师讲解科学锻炼的原则和方法。

2. 结合案例讲解

讲述知识点，健身锻炼贵在持之以恒，养成良好的健身习惯，使之成为生活的组成部分。因为健身锻炼是对机体给予刺激的过程，经常连续不断的刺激作用会产生痕迹积累，而正是这种积累才能使机体的结构和机能产生新的适应，体质才会不断增强。"用进废退"就是这个道理。

以钟南山院士的健身行为为例，大家在敬佩他以 84 岁高龄依然坚持在防疫第一线的同时，更惊叹于他的精力与体格不输年轻人。在过去的几十年，钟院士每周至少锻炼三次，每次不少于一小时。他在接受采访时说："锻炼就像吃饭一样，是生活的一部分。"正是有着这样的运动理念，并在日常生活中做到身体力行、坚持不懈，使他才能够始终保持着良好的精神状态，充满活力地奋战在抗疫一线。

身边的案例如上海理工大学庄松林院士，其为复旦大学原足球队主力、申花资深球迷，80 多岁依然坚守在科研一线。

图 1　钟南山院士和庄松林院士热爱体育运动

最近因跑步上热搜的韩寒说:"人一定会退步的,如果没有努力,那这个世界上能和你一起自然增长的应该只剩下各种痛苦……体育之美就是你能看到自己努力的结果……科学的运动就会给你正面的回馈。这世上回响太难得了。"

用榜样的力量诠释坚持锻炼的意义。告知学生,无论是运动技能的学习还是体质的改善,或是体能的提升、体态的改变,都靠日复一日的练习、积累、思考、沉淀、磨合,最终成就的是自己;引导学生用身体的变化感知坚持的意义。

3. 作业

制定一份周锻炼计划,并坚持锻炼,记录每次运动后即刻脉搏。

五、教学反馈

通过课堂内容学习和案例讨论引发同学们对于科学锻炼问题的深入理解和思考,大家在分享观点与交流中更深入地理解如何科学运动和坚持锻炼的意义,引导学生关爱生命。

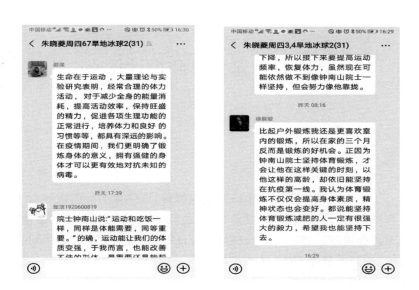

图2 体育锻炼学生反馈

导引养生课程思政设计探索

徐海朋

一、课程简介

导引是民族传统体育学科的组成部分,近代称为导引或导引术,古称道引,具体以八段锦、五禽戏、易筋经、形体导引等不同的运动方法为课程内容。越来越多的科学研究证明,导引对发展学生的耐力、灵敏、柔韧等身体素质,保持良好的身心健康状态,以及对诸多慢性疾患康复有良好效果。

本课程以"普及中华传统生命知识,促进学生体质健康,培养学生导引运动技能,传承优秀中华文化"为定位。通过导引项目教学,可以增进包括形体理论、经络理论、脏腑理论、气血津液理论等中华传统生命理论知识,同时传承项目所蕴含的顺应自然、自强不息、厚德载物的中华文化理念,在立德树人、提升素质、全面发展的人才培养方面具有重要意义。

二、课程思政教学设计思路

1. 课程教学目标

介绍中国古代和近代导引的有关概念及特色,例如唐朝王冰称其为:"摇筋骨,动关节,名曰导引。"明代李颐称:"导气令和,引体令柔,名曰导引。"清代张志聪称:"导引者,擎手而引欠也。"近代,北京体育大学张广德教授和上海体育学院丘丕相教授在古代导引基础上分别研发的导引养生功和马王堆导引术,成为国内众多大学的特色课程和向世界传播中华文化的一个有效媒介。通过视频以及对运动方法的讲解说明,来阐释导引运动的特点、功能、应用。从知识、技能和文化多个角度增强人文素养,培育和发展文化自信,共筑民族精神和爱国情怀。

2. 课程思政融入方式(以五禽戏项目为例)

五禽戏是导引课程的典型运动项目,在增进学生关于中华生命知识的认知、模仿五禽运动的动作技能、体验优秀中华文化方面具有重要作用。例如虎戏对应人体的肝系统,而"肝主筋,开窍于目"。因此,虎戏中主要通过筋骨以及目窍的练习来达到柔缓筋脉,通利肝气的效果;鹿戏对应人体的肾系统,而"肾主骨,开窍于耳"。因此,鹿戏中的鹿抵和鹿奔,主要以对腰肾的运动刺激为主,起到强健筋骨、补益肾气的效果。同样,熊戏、猿戏、鸟戏也阐释相关的中华生命知识。与此同时,抽象出五禽的运动属性和形体属性,通过金木水火土的五行理论,与人体的五脏理论对应起来。

在知识传承和运动技能发展的同时,五禽戏所蕴含的内在运动特征,例如形体的运动规范往往可以外延为学生的行为方式,表现为学生的动作规范性、课堂规矩意识以及课后的行为习惯。中华传统体育的学习和训练,往往使学生表现出更多的中华文化特质,进而在文化自信、民族精神和爱国情怀方面有所认同。

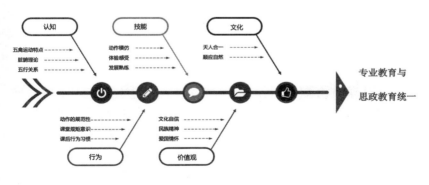

图1 课程思政融入方式

3. 课程思政实施过程

在讲解导引概念时,首先从同学们耳熟能详的屠呦呦以《抱朴子》为文献提炼出青蒿素的案例,引出葛洪及《抱朴子》文献,并且进一步说明,《抱朴子》同时记载导引的典故:"导引疗未患之疾,通不和之气,动之则百关气畅,闭之则三宫血凝,实养生之大律,祛疾之玄术矣。"(《抱朴子·内篇·别旨》)。然后,进一步引述《黄帝内经》《庄子》等历史文献关于导引的记载,以此阐明导引是具有悠久历史的传统运动方法。

历史上存留了很多关于导引的典籍资料或历史文物,例如收藏在天津博物馆的"行气玉佩铭",马王堆汉墓出土的"导引图"等。

4. 课程思政生动案例

邓小平:1978 年 11 月 16 日题词"太极拳好",为太极拳等传统导引类运动的推广带来很多信心。

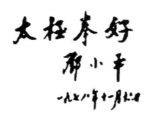

图 2　邓小平题词

钱学森:他年轻的时候曾患过寒症,虽经过中医调理身体慢慢复原,但求访的名医并不能医治他的病根,晚年的钱学森每晚都要在家中练习导引。钱学森教授活到了 98 岁,是名副其实的长寿老人。

张学良:享年 101 岁,有人将张学良的长寿之谜称之为"张学良现象",也就是逆境人生却能实现长寿的现象。每日清晨先打一套八段锦,这是张学良多年来不变的习惯。

查尔斯:据英国《每日邮报》和《每日电讯报》2010 年 2 月 11 日

综合报道，中国气功有让人内心平静和恢复身体活力的效果，为此当时的英国王储查尔斯也在学习八段锦等健身气功。

三、课程思政教学融入

1. 创新运用"直播+录播+图片+文字+语音"多种在线教学形式

图3　课程思政教学融入理念

以直播的形式直接面对学生，进行线上教学，讲解课程，说明学习内容、训练计划、训练方式等，依然可以完成教学计划内容。直播的过程中，老师一方面讲解，另一方面向学生进行提问，号召学生积极思考问题，发表意见，同时针对课程内容进行在线讨论，营造热烈积极的班级气氛，实现和线下教学同样的互动效果。

图4 教学素材摘要

2. 在线实现传统知识技能传承和发展

课程一方面让学生居家锻炼,另一方面让学生学习传统运动科学的运动方法,了解相关的传统生命理论以及传统文化内蕴。为此,导引与健康课程以问题为导向,在课程设计和实施中通过讨论、检查、提问等环节掌握运动技术,了解传统生命理论知识,实现传承传统文化的目的。例如对于腰部训练的方法,设计了腰部运动的练习步骤、注意事项、功能原理等问题,学生的回答运用了很多具有传统生命理论知识的"术语""概念"和"表达",颇具传统文化色彩。

3. 以"抢答+表扬+鼓励"等多种形式营造热烈的课堂气氛

为避免长时间在线教学产生枯燥现象,导引课堂上涉及的抢答环节颇具效果,隔着屏幕依然可以感受同学们的热情、积极和活力。在讨论一些问题时,针对有的同学回答很专业的情况,会通过截图的形式再上传到班级群;针对回答精彩的部分,进行详细说明,并鼓励学生勇做学习标兵。很多时候,抢答问题发出几秒钟后,同学们便同时回答问题,有的用文字,有的用语音,课堂氛围很快就热烈起来。

4. 以"课堂+社团+实践活动"的多渠道强化教学效果

作为常规体育课,导引养生课堂教学在发展体育运动技能的同时,实现了中华传统生命理论的知识科普,传承了传统文化的精神内蕴以及运动中举手投足所反映出来的规矩意识。以八段锦为例:双手托天理三焦的教学不但要教会学生运动方法,熟知常犯错误,熟练技能,还要讲明白:什么是三焦,为什么要畅通三焦,三焦不畅可能有哪些健康威胁,中国的三焦认知与西方的解剖认知差异等。

图5　线下教学现场

上理工导引社团的同学们已经抓住了两年多的清晨。一天之计在于晨,能够抓住每个早晨,又何必担心他们的大学生活碌碌无为或虚度年华呢?!在每周两次长达两年的社团训练中,90%的社团同学无论春夏秋冬、刮风下雨,都雷打不动地准时到达练习场地。长期的坚持和自律,让很多学生深受其益。

导引养生班的同学,在完成正常的课堂或社团活动的同时,还广泛地参与了中华文化传承的社会实践活动,成为了青年讲好中国故事的范例。

图6　由师生共同摄制的课程上线"学习强国"

图 7 600 余名师生共同展示中华导引术

四、课程思政成效评价

1. 成立道引品牌研究中心,让存留在古籍里的文字活起来

科研是课程思政的发展动力,而我校"道引品牌研究暨发展中心"的成立恰是专业发展的结果。并且从研究考证、社会调查、学科知识普及现状三个层面均已论证道引概念比当前普遍存在的导引概念更能统领运动技术特征和承载中华文化。相关成果如下:相关成果受上海市哲学社会科学再研究;《健身气功》杂志三年连载相关成果;体育顶级刊物《体育科学》发表成果;上海市重点建设课程;上海理工大学课程思政示范课程。

图 8　2020 年上理工中华传统体育·道引项目传承暨发展研讨会

2. 获取良好的社会声誉

上理工早在 2010 年的全国大学生八段锦项目比赛中,便获得全国二等奖。在十多年的教学科研中,科研与教学的互动效应不断加强,同时在社会影响力方面不断扩大。例如:道引参展 2014 年文化部非遗摄影大赛获支持率 4914 票,排行第二。道引科研的最新运动方法成为 2017 年上海张江中医药文化节推广项目。截至目前,东方网、新闻晨报、杨浦区电视台、上海杨浦等媒体都曾报道相关科研成果在传统文化和服务社会等方面所发挥的积极效应。

3. 课程创新发展获得学生的广泛好评

导引课程目标不仅是增强学生体质或争取名次,同时应该变被动为主动,培养学生主动的运动习惯,建立良好的生活方式,并且能从中得到人文素养的熏陶。作为具有中华文化特质的导引项目,对于实现这一功能具有独特优势。很多同学反馈感受到了课程的初衷:导引是生活方式,是缓解压力、提升学习效率的手段,而不是负担。很多大学生表示不应该养成熬夜晚起的习惯,努力通过"晨起导引"的形式去感受自然,顺应自然。与此同时,社团学生开展的读书会、社区公益、兼职教练、创业活动、表演及交流活动等一系列辅助活动对学生的全面发展起到了很好的效果。下面分享几位同学的课程感悟:

早起锻炼,一天下来感觉身体轻快。有一次晚课后上楼,感觉其他同学爬楼爬不动,而自己感觉很有劲。

——2020 级吴帅锋

2021 年 3 月到 6 月,在没有任何其他改变的情况下,坚持每周晨练两次,体重由 96 公斤降低到 88 公斤,1000 米跑的速度由 5 分 12 秒提高到 4 分 30 秒。

——2020 级杨俊尧

清晨从基院到本部的路上,虽然伴随着寒风,但值得。庆幸能够坚持,因为每一次导引晨练都会给我带来一整天的神清气爽,一整天的生机盎然。

——2021 级严亮

坚持晨练的我,看到了久违的凌晨夜空,在一定程度上,规律了我的作息(因为作息不规律我起不来啊)。俗话说,一天之计在于晨,导引之后的我精神很好,可以说是为一天打下了基础。在导引缓慢、柔和的韵律中,我的心情也慢慢平静了下来,不似之前那么急躁。

——2021 级高全伟

六、课程思政教学反思

1. 导引课程整体设计思路需要兼顾知识普及、技能形成、文化传承、品德培育多个角度

作为民族传统体育项目,导引课程改革需要避免重技术、轻理论,而应当在技能教学和发展的过程中融入知识传递内容。以八段锦、五禽戏、易筋经为代表的导引运动项目,充满了中华传统生命知识和哲学思想,导引课程应当在技术教学、技能训练、技能考核的过程中融入相关的科普知识。使学生明白是什么、为什么、怎么做的道理。同时,导引课程需要充分挖掘其蕴含的中华优秀文化元素,培育学生良好的品德,树立正确的世界观和方法论,以实际行动践行文化自信和社会主义核心价值观。

2. 教学模块应当全面和系统

导引课程的教学模块应当全面且系统。全面性是指导引课程既要兼顾民族传统体育运动项目的特点和教学规律,同时又要学习和参照现代西方体育科学的运动训练方法和手段;既要实现学生导引运动项目的技能发展,又要将思政教育理念贯穿其中,实现优秀传统文化对学生的熏陶;既要注重技能发展和身体素质提高,又要兼顾心理健康教育以及社会适应能力和道德水平的提高。系统性是知识、技能、素质、思政等多个教学模块内部应当具有贯通性,能够形成完整的课程体系,形成合力,达到培育和发展文化自信,培养学生团结协作能力,增强人文素养,培育爱国情怀,推动体育课程改革创新,形成特色的民族传统体育育人方式的课程目标。

3. 知识要点要科学和精准

导引植根在博大精深的中华文化沃土上,导引课程充满了中华优秀传统文化元素,因此对于导引课程教学需要构思合理、恰当、准确的教学内容,能够以当前的科学术语对导引涉及的传统生命知识、文化观念、哲学思想等进行科学的表达。另外,在八段锦、五禽戏、易筋经等运动技术的教学过程中,也要吸取现代体育的训练手段,在增进学生身体素质和健康水平方面提高效率。

4. 育人要素要多样

导引课程育人要充分挖掘历史和现代的多种元素,做到育人元素的多样性。例如在讲解导引概念时,首先从同学们耳熟能详的屠呦呦以《抱朴子》为文献,提炼出青蒿素的案例,来引出葛洪及《抱朴子》文献,并且进一步说明,《抱朴子》同时记载导引的典故,进一步引述《黄帝内经》《庄子》等历史文献关于导引的记载,以此阐明导引是具有悠久历史的传统运动方法。例如讲到八段锦训练时可以举张学良精通八段锦等例子,以此培养学生的学习热情,增加民族文化自豪感。

5. 教学方法要恰当且灵活

导引课程应当发挥课程特色优势,以线上线下相结合的方式,运用多种教学方法。例如在线上可以就《国宝档案·导引养生》《形体导引技术》等视频资料进行赏析,了解导引的历史发展脉络以及背后蕴含的中华文化。而在线下则可以发挥讲授法、示范法、纠错法、集体练习法、训练法等传统教学方法的优势,依据教学内容合理选用恰当、灵活的教学方法。

6. 教材运用要合理

当前,导引课程教材比较丰富,除了传统的《体育与健康》教材外,国家体育总局健身气功管理中心主编的《八段锦》《易筋经》《五禽戏》相对更为专业,而我校徐海朋副教授出版的专著《道引·形体牵引篇》《道引·经络疏导篇》等更具有特色,因此导引课程不妨在以某一本书作为主要教材的同时,广泛使用辅助教材,为实现更好的教学效果提供保障。

民族传统体育课程思政设计探索
——以太极拳"野马分鬃"动作教学为例

冉斯铭

太极拳集健身与文化熏陶为一体,是我国优秀的民族传统体育项目。太极拳的拳理与我国的传统文化一脉相承,是我国传统文化的重要组成部分。在太极拳的运动原则、基本技术特点等方面都体现出鲜明的民族特点。学生们虽然或多或少都听说过太极拳,但大部分学生以前都没有学习过太极拳,而且基本都停留在"打"的粗浅认知层次。在动作技术的教学中让学生了解蕴含在其中的传统文化内涵,不仅对学生更好地学习太极拳有帮助,而且对继承和发扬传统文化,增强民族自信有着非常积极的作用。

一、课程目标

1. 教学目标

在教会学生掌握"野马分鬃"动作的同时,让学生了解太极拳动作的特点。

2. 思政育人目标

(1)育人目标。学生通过学习太极拳"野马分鬃"的动作,不但学会了运动技能,锻炼了身体,还从中领悟到了一种辩证的思维方式和和谐统一的思想,体会传统文化的魅力,增强民族文化自信。

(2)设计思路。通过教师对动作的讲解、示范,并带领学生练习,使学生基本掌握动作的要领。然后教师再讲解动作背后的健身原理和文化内涵,使学生不仅知道怎么练,也知道为什么要这样练。

二、教学实施过程

按照正常的教学顺序,在教学的基本部分,依"野马分鬃"手法、步法、最后整体动作的顺序做讲解、示范、领做、学生集体操练。在学生集体操练后指出错误的地方,并再次要求学生集体操练。通常每个阶段都集体操练三次后,学生对动作有了基本的了解,并基本能独立做出动作。

当学生基本能独立做出整体动作时,为了让学生更好地明白为什么要这样做,还应从太极拳动作的特点来分析其中所蕴含的哲学思想和文化内涵。这些传统思想与现代科学知识并不冲突,某种程度上是一致的。"野马分鬃"的动作是左右方向各进行一次,太极拳的很多动作都是左右对称或上下对称进行,讲究协调平衡。"野马分鬃"动作要求松柔,其他太极拳动作也都要求松柔。但是这个松是松而不懈,柔而不塌,这种松柔能让全身气血贯通,筋肉更有弹性,在需要发力时更好地发力,做到快刚。所以太极拳的松柔和快刚是辩证和谐统一的。在做步法时要注意重心虚实控制和转换,虚实结合,既要保持稳定性又要具备灵活性。

"野马分鬃"中所有的动作路线都走弧形。太极拳的动作,不管手法、步法,还是身法,所有呈现出来的动作路线都是弧形螺旋。这与其他长拳走直线有明显的区别。从生理的角度来讲,走弧形可以使全身的筋肉在拧转中得到最全面的运动刺激,舒筋活络,增进健康。从技击的角度来看,走弧形可以做到攻中带守,守中带攻,攻守结合,才能立于不败之地。

从"野马分鬃"整体动作的运动特点分析中可以发现,太极拳运动就是处理好了松柔与快刚、虚与实、攻与守等一系列的矛盾运动,在矛盾中寻求平衡,在平衡中达到身心灵的和谐统一,起到调心、调气、调身三调合一的作用。从这点出发引申到学生生活的方方面面,比如说处理好学习与娱乐的关系,如何控制自己的食欲以及如何控制自己的体重,如何处理与同学的亲疏关系,如何对待别人的优缺点,如何制定自己的短期和长期目标,等等。其实大家都身处在各种矛盾当中,心中有自己也有他人,凡事不走极端,处理好各种关系,才能你好我好,大家都好。

三、教学反馈

学生是学习的主体。只有激发学生的学习兴趣,发挥学生的主观能动性,才能达到理想的教学效果。本堂课的特色是通过讲授与启发式的教学方法相结合,引导学生去思考问题,使学生更好地理解所学习的动作,激发学生的学习兴趣,促进学生主动地学习。但为了使学生更好地理解太极拳背后的原理和文化内涵,还要求学生看看相关的理论和传统文化方面的书籍。只有理论和实践结合,才能真切地领悟其中的道理。

高水平足球线上训练课程思政设计探索

胡泽勇　袁　晶

一、课程简介

高水平足球训练课主要以我校管理学院公共事业管理体育特长生班级足球运动员为授课对象,进行足球理论、足球技战术打法和足球竞赛能力等方面的培养,是增强学生体质、完善学生人格、达到立德树人目标的大学公共必修课程。

二、课程思政教学目标

1. 高水平足球线上训练课程思政特征分析

（1）新冠疫情期间,线上课程的开展是培养学生时间观念的良好契机。

（2）线上课程丰富的多媒体资料区别于以往线下的训练,让学生更直观地进行理论知识学习,是学生学习能力提升的重要途径。

（3）线上课程更直观的技战术分析和经典比赛观看,有助于学生的团队协作、竞争意识和拼搏精神的培育。

2. 高水平足球线上训练课程思政教学目标

（1）通过对足球技战术理论知识的学习,提升学生问题分析与解决能力,培养规则意识。

（2）通过运动技能的学习,培养学生终身锻炼的能力与习惯。

（3）通过足球技战术的分析,培养学生团队协作能力、沟通能力、责任意识、竞争意识和顽强拼搏的精神和意志品质。

三、课程思政总体设计

表1 高水平足球线上训练课程思政总体设计

教学模块	教学内容	思政教学要点	所属思政维度	教学方法
理论知识	①高水平足球队概况 ②足球运动的特点和价值 ③足球运动的技战术分析 ④足球比赛的阵型与打法 ⑤足球竞赛组织工作和规则、裁判法 ⑥足球运动的损伤与防护	①通过对高水平足球队的建立历史和荣誉取得等进行介绍和教育,激发学生的集体荣誉感和责任感 ②通过足球理论的教授,引导学生了解足球、热爱足球项目 ③通过足球竞赛规则的教授和讲解,让学生尊重规则、尊重裁判和对手 ④通过足球运动的损伤和防护讲解,让学生学会保护自己、帮助他人	①爱国主义、为校争光、追求卓越的精神 ②规则意识	线上:视频和课件 线下:比赛分析、案例讨论
专项技能	①足球技术 ②足球战术 ③足球技战术的比赛运用	①通过技战术学习和训练,培养学生坚持不懈、永不言弃的学习精神 ②通过教学比赛,培养学生灵活运用的实践意识,让学生在比赛中敢于挑战自我,敢于拼搏,培养团结协作的团队精神	集体主义、团结协作、勇于拼搏的品格	线上:视频和课件 线下:足球技能教授与比赛实战
身体素质	①速度素质 ②耐力素质 ③灵敏素质 ④力量素质	引导学生形成科学的身体素质训练意识,不断激发学生克服困难、坚持不懈、超越自我的意志品质	坚持不懈、敢于挑战的意志品质	线上:视频和课件 线下:分组、对比式练习、素质竞赛

四、案例教学设计

1. 教学目标

（1）学情分析：新冠疫情打乱了高水平足球队学生的学前集训课程，学生和教师都在彷徨和焦急中等待线上课程的开始。对比传统的教学模式，线上教学这种并不普及的教学模式对于教师和学生们而言相对陌生，但大家也展现了很好的适应能力，除去已有的微信平台，学生们手机上和电脑上的超星系统和腾讯会议两种应用软件很快装配到位。为了能够熟练运用这三种平台，教师特地找来队长进行小范围的模拟和演示，确保线上训练课堂的平稳高效运行。当然，难度最大的并不是平台的使用，而是对于体育课程，尤其是高水平足球课堂这种以实践为主的课程如何进行线上教学，以何种方式授课才能避免高水平足球课流于形式，更不会耽误疫情结束后就要开打的全国比赛。

（2）知识目标：使学生掌握足球运动的基本理论知识和项目特点，学习和掌握足球比赛的竞赛组织方法和裁判工作。使学生较全面、准确、熟练地掌握足球运动的技术和战术，并进一步提高实战运用能力，尤其是激烈对抗条件下的运用能力。在全面发展身体素质的基础上，掌握有效提高速度、耐力、灵敏和力量素质的训练方法，加强整体配合能力，提高全队的整体技术、战术水平。

（3）能力目标：足球技战术理论知识，问题分析与解决能力，规则意识，运动技能学习能力，终身锻炼能力与意识，团队协作能力，沟通能力与责任意识，竞争意识和拼搏精神，顽强的意志品质。

2. 教学方案

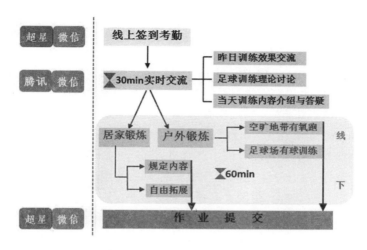

图2　高水平足球队疫情期间线上教学方案

3. 教学过程

（1）依托超星平台，规范线上课堂。鉴于学生们都处于假期在家的状态，加之线上教学都是初次面对和使用，因此规范的线上课堂既能保证课堂效率，同时也能确保学生在家的学习状态。上课之前，微信通知学生上课的准备以及超星系统的签到都是必不可少的。高水平足球课程安排在周一至周五每天下午15：00－16：30，日复一日的签到打卡，使队员们保持了良好的上课习惯。

除了每天的签到，还有视频作业提交，也都在超星系统里完成，教练员们则及时予以打分和评语反馈。

此外，结合高水平足球队的五人制全国比赛任务，教练组也筛选了五人制强队的比赛视频上传到超星平台，提供队员下载、观看和学习，同时在腾讯会议和微信群分析讨论互动交流。

（2）用好腾讯会议，师生实时互动（30min）。课前的签到完成之后，根据教学方案每天课程的前30min要在腾讯会议中进行实时交流。以竞赛为目标,明确训练要求和内容。因此实时视频交流可以确保学生们都能以高效的状态投入到课程交流中,交流的内容包括三个方面:昨日训练效果交流、足球训练理论讨论、当日训练内容介绍与答疑。

(3) 加强微信群交流,开展在线答疑。腾讯会议提供了实时交流的便利,结合学生的学习环境和注意力特点,教练组针对一些需要反复强调的训练课程内容,在微信群中具体落实和再强化,便于学生能够深入地理解、记忆和反馈。

例如教练组会就部分同学的作业与同学们一起开展自评、互评和教师点评等,让学生之间相互取长补短。发现的问题在微信群里直接指出,一起讨论,帮助大家提高训练效果。

针对一些在腾讯会议中讨论的重要训练理论,教师组织队员们从实战角度出发,结合自己的位置特点进行理解领悟,组织成文字发到群里。师生讨论后教师予以点评,学生再根据教师的建议进行修改形成定稿,最后传到超星系统的作业中。

图3 线上教学互动

(4) 线上指导,线下锻炼(60min)。鉴于体育学科的特点以及高水平足球训练的实际,如果没有线下的队员自我训练,仅靠线上理论课程的讲解和介绍,无法达到高水平足球训练课程的目标。相比较而言,线下课程更为重要,腾讯会议的30min目的是尽可能让学生

明白如何进行线下锻炼,因此结合学生们各自城市和小区的实际情况,分成了两种锻炼方式:

一是疫情风险高、无法出小区的学生居家锻炼。考虑到疫情期间的特殊性,教练组始终坚持"疫情防控第一位,线上课堂讲安全"的宗旨。对于疫情风险高、无法出小区的学生,每天安排不同的居家课程锻炼内容。这些内容主要以加强核心力量为主,每周一个循环,涵盖上肢、腰腹、下肢等与足球竞赛关系密切的身体素质训练。同时调整部分内容的实施方式,便于学生在家里开展,例如力量练习以自重训练动作为主,速度和爆发力则以楼梯跑、跳绳等项目辅助训练。

二是疫情风险低、可以外出的学生则采用空旷地带有氧跑和足球场地有球训练两种方式。

对于疫情风险较低的地区学生能够出小区活动的,结合当地实际情况,能够进入足球场训练的则以有球训练为主;没有足球场地的,选择空旷的公园地带进行有氧跑练习。这个过程中,教练组都会跟学生一起反复确认户外训练的风险,做到安全第一。

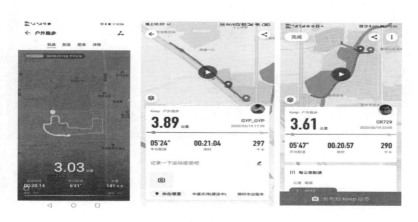

图4 空旷场地有氧跑

（5）利用线上课程，开展疫情期间学生心理疏导。教练组了解到学生们除了线上体育课程之外，其他多个学科线上课程教学都是同时开展的，在疫情防控的紧张时期，繁重的网络课程给学生的心理造成了一定的影响，长期的居家隔离和学业压力让队员们的精神状态比较压抑和烦躁。结合这些心理特点和线上课堂中的心理状况，教练组也通过课程内容的调整，对学生们进行心理疏导。

由于高水平足球训练课为每周五天的连续课程，教练组会在每周安排个别内容调整队员的心理状态。例如：以带有足球球感训练的颠卫生纸的游戏（近段时间风靡全球的趣味性足球技术展示），缓解焦虑。以鼓励队员发挥自身特点和特长的核心力量示范GIF拍摄活动等，转移负面情绪。

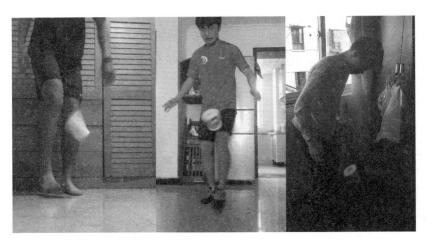

图5　颠卫生纸球游戏

（6）注重培养队员们的个人劳动能力。积极响应教育部关于大学生如何开展劳动教育的要求。每周老师都提出队员们要先从个人生活入手为家庭做日常家务，并积极投身社区和社团组织的活动中去，强化责任感，培养学生们的动手能力和良好的社会公德。

图6　投入家务劳动和社区活动

五、教学效果分析与反思

线上教学对于教师和学生都是比较新颖的教学模式,疫情期间上理工高水平足球队的教练员和学生们积极探索、相互配合,紧张而有序地开展课程教学。学生在课程期间能够保持较高的满勤率,无论是课程作业的拍摄上传、作业质量和线上课堂中学生展现出来的精神面貌,都取得了良好的教学效果。

当前疫情尚未结束,高水平足球队的教师和体育教学部其他教师们一起努力探索线上教学,在线上教学中也不断地发现问题、解决问题、总结课堂经验,在线上教学的实践过程中继续摸索和尝试,丰富线上课堂教学内容,努力打造特色鲜明的线上课堂思政教育模式。

足球课程思政设计探索
——以"足球文化赏析与裁判法"为例

金 俊

一、课程简介

1. 基本情况

为进一步积极推进"课程思政"教学改革创新,充分促进思政教育与专业教育的深度融合,体育部推出了"足球文化赏析与裁判法"课程。这是贯彻落实习近平总书记在全国高校思想政治工作会议等系列重要讲话精神,实施"立德树人"总任务的重要举措,尤其在抗击疫情的当下更具意义。该体育课程思政有助于凸显综合素养课程的价值引导功能,有利于校园足球文化健康蓬勃开展,让学生不只是热爱并参与这项运动,更能在运动中践行文明、和谐、公正、法治、诚信、友善等社会核心价值观。

2. 思想政治教育与专业教育的融合情况

足球文化赏析与裁判法课程不仅强调了要牢牢把握思想政治理论课在思想政治教育中的核心课程地位,坚持正确导向,提高政治站位,又充分发挥了体育通识课程的育人价值,致力于构建专业课程"三位一体"的高校思想政治体育教育课程体系。相较于其他体育课程,足球运动具有团队协作等鲜明的自身特点,足球课程在思政育人方面较其他学科更有优势和特色,这种特色文化是进行"文化育人"和"立德树人"的有效载体。

3. 课程思政教学改革实践情况

围绕大学体育"知识、技能传授与价值引领相结合"的课程目标,以上海理工大学鲜明的足球特色文化为载体,充分挖掘大学体育的育人潜力,强化隐性思政,构建全方位、立体化的育人格局,为学校深入挖掘提炼各类课程所蕴含的思想政治教育元素,培育一批校级课程思政示范课程、示范专业课程链,推动学校课程思政教育教学改革向纵深发展。

4. 案例选用意义

《中华人民共和国教育法》第一章第六条规定,"国家在受教育者中进行爱国主义、集体主义和社会主义的教育,进行理想、道德、纪律、法制、国防和民族团结的教育"。体育教学过程中丰富的思政教育素材,融入于多样的体育运动项目、运动方法或不同的运动体验过程中,也体现出不同的思想政治教育内容或功能。聚焦到足球项目,其作为当今世界第一大运动项目,具备了思政教育的各方面要素,意志品质、团队协作、规则规范、文化意识、顽强拼搏等体育教育的核心内容在足球项目上能够充分体现。根植于上海理工大学这片足球的沃土,在体育教学的过程中,向同学们灌输一些体育精神文化,更能提高学生的体育素养,在有限的教学环境下提升学生对体育的热爱和思想道德的修养,使学生得到全身心的锻炼。

二、课程思政教学设计思路

1. 拟解决的主要问题

作为特色社会主义健康中国,应将健康发展放在首位。2016年颁布的《"规划健康中国2030"纲要》强调了"健康发展",将人的身体健康优先发展。与此同时,以"健康"为首的"健康教育"融入了我国教育结构,将"健康"作为教育阶段健康发展的重要内容。但我国学校体育体系发展不完善,被传统的相关制度所影响,我国学校体育在学生体质、健身器材器械、课程设置、户外体育活动等诸方面仍然相对落后。在足球课的教学过程中,也逐渐暴露出了同学们对足球规则理解层次不齐、难以领悟足球比赛内涵的问题。

2. 改革思路

通过足球文化赏析与裁判法课程及思政教育共融教学的实践,不仅注重并加强了学生运动能力与健康行为的培养,更促进和培养了课程在学生拼搏、进取、敬业、团结协作、坚持到底、永不放弃、遵守规则、团队精神和规则意识等体育品德养成上的育人价值。体育课在"课程思政"体系中强调了既要牢牢把握思想政治理论课在思想政治教育中的核心课程地位,又要充分发挥体育通识课程的育人价值;构建专业课程"三位一体"的高校思想政治体育教育课程体系;结合体育(足球)项目自身特点和特有的育人功能,使得它在思政育人方面较其他学科更有优势和特色,这种特色文化是进行"文化育人"和"立德树人"的有效载体。围绕大学体育"知识、技能传授与价值引领相结合"的课程目标,以上理工鲜明的足球特色文化为载体,充分挖掘大学体育的育人潜力,推动学校课程思政教育教学改革向纵深发展。

3. 素质目标的设定与达成

(1) 线上线下,全方位足球育人。采用线上、线下相结合的教学模式,打开传统体育通识课堂的"约束性",走出校园、身临其境,全方位感受体育的育人全过程。

(2) 以史为鉴,进行爱国主义教育。侧重体育历史和文化的熏陶,对大学生产生最直接的民族情怀刺激,与其他思政教育中爱国主义教育形式相比,具有强烈的本体感受优势。体育历史与爱国主义教育的融合,是体育课程思政教育的核心内容,也应当成为高校体育课程思政的基础载体和中心环节。

(3) 不畏困难,强调团队协作精神。足球项目是集速度、耐力、灵敏、协调、技巧于一身的运动项目,结合足球项目特点,不仅培养学生的团队协作、耐力素质,更有助于锻炼和发展其克服困难的能力,是思想品德教育的典型素材。足球运动的参与过程,使得学生必须主动克服生理上的疲劳和心理上的争斗,提高了学生克服困难的能力。

(4) 遵纪守法,强化学生规则意识。将规则意识融入课堂,大学生体育课堂常规的具体执行过程是建立规则敬畏,是组织纪律教育的直接体现。规则裁判法是体育活动特别是体育比赛、体育游戏开展的先决条件。体育活动教学或比赛中,裁判的执裁和参与大众的舆论影响,能够约束参与学生的言行规范,自觉建立对规则规范主动遵守的意识,帮助学生从容适应未来社会规则的各种要求。

三、课程思政教学设计与实践

1. 教学理念

足球文化赏析与裁判法课程旨在培养学生欣赏美丽足球的情趣、理解裁判比赛规则的意识;培育学生的社会责任感、体育职业道德和人文素养;培养学生团队合作素养;理论结合实际,提高身体素质,使学生具有承担学校层面足球比赛裁判工作的基本能力,为学校足球发展做贡献。

2. 教学的设计

本课程采用线上、线下相结合的教学模式,打破了传统体育通识课堂的"约束性",走出校园、身临其境,全方位感受体育的育人全过程。这种模式在疫情期间教学效果极好。

(1)"三线一体"的教学手段。具体课程采用 Welink 签到及完成作业、一网畅学平台在线直播课程及讲解作业、微信群讨论并解答问题的"三线一体"教学手段。网络课程也打破了时空限制,众多上海理工大学的高水平足球学生、现役中超裁判员也来到了直播间,分享经验,提出观点,参与讨论。

(2)高效生动的教学方式。本课程教学方式多样,且高效生动,其中以案例教学法和讨论教学法为主。

案例教学:通过讲解同学感兴趣的典型案例,形象化裁判法的执行途径。

讨论式教学:课堂上设置问题和组织讨论,提高学生的参与程度,激发学生的参与热情,提高学生的学习兴趣和注意力。

3. 考核评价方式

体育教师是学生体育学习的引导者,给学生带来的影响是直接且明确的。教师传达给学生正面的思想,学生便会正面思考。教师对待体育竞技的态度是否严谨、认真、公正,也决定着学生对待体育的态度。足球文化赏析与裁判法这门课程的授课内容的特殊性决定了构建师德审核体系刻不容缓,要将教师的品德与其任职能力关联起来。同时积极开展德育讲座,强化教师思想。裁判是足球场上的法官,应当将公平、公正的思想,以身作则地传递给学生。教师避免只使用终结性评价的方式,而是需要结合过程性评价和学生自评等评价方式,让学生看到自己的闪光点和优势。学生在道德品质发展的过程中,需要教师的鼓励和引导,教师通过给出建设性评价言语和意见,可以促进学生的发展,有积极意义。

四、课程思政教学特色与创新

1. 坚持党的领导,强调专业团队合作,构建育人格局

课程团队老师均为上海理工大学体育部在岗一线教师。年龄结构分布合理,具备丰富教学理论和实践经验。团队中有 1 名现役中超国家级裁判员和上海市足协注册裁判技术讲师,3 名中国足协 C 级教练员。团队中,党员干部发挥先锋模范作用,实践教学中,将体育课程思政教育与知识教育有机统一,努力构建全员、全过程、全方位的育人格局。

2. 扩大覆盖面,创新课程参与形式,确保学习效果

作为在疫情期间开设的线上教学课程,采用"三线一体"模式,做到了形式创新、内容创新、理念创新,调动了学生自主学习积极性,巩固了"三全育人"的课程效果。同时,考虑到是一门全校性质的本科生普修课,学生们对于足球裁判知识掌握程度不一,授课老师的讲解在保证专业性的同时要注意深入浅出,在涉及较为专业的名词时,讲解要直观通俗。同时参与课堂学习与讨论,将一线赛场经验分享给学生。通过课前微信群、邮箱收集最新的存疑的判罚视频并在课上播放、组织同学们讨论等形式,增强学生参与感,提高了师生间的互动性。

3. 依托优质德育资源,树立正能量榜样,点燃学习积极性

德育资源是在德育过程中能用于激励学生、引导学生正面思考

的一些口号、话语、故事等。在体育教学过程中,要培养学生的正能量,也必须利用体育课程相关的德育资源,才能真正起到激励作用。学生受到正向鼓舞,才会有努力的动力。上海理工大学拥有众多高水平运动员,其中部分球员也入选过国家队。他们作为不可多得的德育资源,不乏鼓舞人心的故事;他们所付出的努力,足以在学生消极时成为其努力的动力。授课老师充分利用球员经历及励志故事,去感染更多学生。邀请国家运动员来校指导,让学生亲身感受作为一名专业运动员的品格。如能邀请武磊、李圣龙等职业球员来到课堂参与讨论,实现同学们"与明星球员做同桌"的梦想,则更能激发学生的学习积极性,让课堂气氛十分火爆。

4. 紧扣时代脉搏,接轨国际,综合育人

无论是专业素养教育还是思想政治教育都必须紧扣时代脉搏,突出教育主题和内容,创新教育方法和载体,传递核心价值。在足球文化赏析与裁判法的教学设计过程中,为了突出综合性和实务性,实现全程育人、全方位育人,一方面将国际国内的典型足球判罚案例、规则新变化纳入教学内容,另一方面则努力将教学过程与学生广泛使用的微信、微博等网络新兴媒介有效结合在一起,不仅在时间上实现了从课堂向课前和课后的延伸,还在空间上实现了从课堂学习向校外实践平台的延伸。

五、课程思政教学反思

因为突如其来的疫情影响,足球文化赏析与裁判法课程也遭遇了挑战。比如无法通过面对面接触感受学生的理解程度,课堂互动性受到影响。另外,学生居家的学习环境不同,可能会影响学习效果。为此,提出以下应对策略。

1. 充分发挥多媒体辅助教学以及网络教学优势

以学生为主体,创设逼真的情境体验,图文声像并茂地反映足球裁判法的实际应用,使学生在专业视角下"如临其境"地重温经典案例,思索裁判法对于足球的现实意义。同时,将视听说相结合,也可以丰富学生的学习过程。如组织学生观看新兴技术 VAR 的诞生过程及应用视频,可以让学生更深层次地了解裁判法的演变过程与动机,以及该法形成的重要背景。与此同时,强调公正判罚对于足球比赛的重要性,以此强化以社会主义核心价值观为基石的主流意识形态建设的重要性。

2. 倡导课前学生主体学习理念

由学生自主选择有疑惑的足球判罚案例,并分析该判罚具体运用了什么规则。通过主动学习的方式,让学生汲取裁判法思想的精华,加深学生对裁判判罚的思考和感悟,以提高足球素养。引导学生加强对当前中国足球的关注和思考。要求学生关注重大足球事件。通过这种方式,一方面促使学生自觉投入对中国足球的关注中,跟踪并思考各种类型判罚的动向、影响及趋势,了解判罚的因果关系、结构和治理对策;另一方面也可以使学生主动关注足球竞赛规则的变化形势,了解新动向,进而加深对社会发展规律的认识。

篮球课程思政设计探索

柏 杨

一、课程简介

篮球课程是集跑、跳、投于一体的同场对抗性集体项目。它深受大学生喜爱,可以使大学生在运动中享受乐趣,并有利于全面发展大学生的身体素质,锻炼大学生的心肺功能,达到增强体质的目的。同时还有利于大学生心理素质的提高,培养大学生的情感、情操和情绪,起到健全人格的作用。它还能够培养大学生团结协作、勇猛顽强、拼搏进取的精神,从而锤炼大学生的意志品质。

二、课程思政教学目标

1. 篮球课程思政特征分析

(1) 篮球课程是集体性运动项目,更加有利于培养大学生的集体主义精神,培养大局观。

(2) 篮球运动是同场对抗项目,有利于培养大学生的合作与竞争意识,学会公平、公正、公开地竞赛,学会相互的理解和尊重,懂得合作共赢的深刻内涵。

(3) 篮球运动项目比赛是在不断变化中向前发展的,有利于培养大学生拼搏进取的精神,有利于大学生形成乐观的心态和坚定的理想信念。

(4) 在篮球运动中,不同位置有不同要求,每个队员都在承担自己的角色,这就要求大学生懂得责任担当,学会爱岗敬业。

(5) 篮球比赛中没有常胜将军,有胜有负是正常现象,能够树立学生对成功与失败的正确认知,有利于大学生不断调整心态,勇攀高峰。

（6）篮球运动中对规则的重视,有利于培养大学生遵章守纪的意识,养成遵守法律及社会公德的习惯。

（7）篮球运动中随着对手的不同、位置的变化、时机的变换等,每个人都要根据情况而采取相应的行动,有利于培养大学生的思维能力、实践能力和创新能力。

（8）篮球运动中不乏优秀的爱国主义、集体主义、奉献精神及顽强拼搏的事例,可以增强大学生对社会主义核心价值观的理解。

2. 篮球课程思政教学目标

（1）使大学生善于运用马克思主义的立场、观点和方法来分析问题、解决问题。

（2）使大学生树立"健康第一"的观念,以健康的身体努力工作、报效祖国。

（3）使大学生树立"工匠精神",勇于探索未知,追求科学真理,不断攀登高峰。

（4）使大学生养成遵章守纪的习惯,培养大学生规则、服务的意识。

（5）使大学生在运动中不断探索,培养大学生的实践能力和创新能力。

三、篮球课程思政总体设计

表1 篮球课程思路政总体设计

课程章节	知识点	课程思政教学要点	所属思政维度	教学方法
理论学习	① 我校体育运动概况 ② 篮球运动概述 ③ 教学内容及考试标准要求 ④ 大学体育与健康教程内容	① 培养学生的爱国主义精神 ② 培养学生的集体主义精神 ③ 培养大学生遵章守纪习惯 ④ 树立"健康第一"的理念 ⑤ 对学生进行生命、生存和生活教育	政治认同 爱党爱国 道德规范 生命意识	① 通过篮球名人的事例 ② 通过篮球运动的特点和价值 ③ 通过篮球课程的要求 ④ 通过体育与健康的知识

续表

课程章节	知识点	课程思政教学要点	所属思政维度	教学方法
技术学习	① 篮球运动进攻技术 ② 篮球运动防守技术 ③ 篮球运动综合技术	① 培养学生吃苦耐劳的精神 ② 培养学生的实践能力和创新能力 ③ 培养学生自我学习、管理的能力 ④ 培养学生终身体育的意识、能力和习惯	爱岗敬业 拼搏意志 创新能力 社会责任	① 通过优秀运动员的事例 ② 篮球运动技术的学习和训练 ③ 通过比赛的方式方法 ④ 通过学生兴趣的培养
战术学习	① 篮球进攻基本战术 ② 篮球防守基本战术 ③ 篮球综合战术	① 培养学生团结协作的精神 ② 培养学生协调沟通的能力 ③ 培养学生的责任担当意识 ④ 培养学生的大局观、全局意识 ⑤ 培养学生分析问题、解决问题的能力	团结协作 责任担当 全局意识 实践能力	① 通过对篮球战术的理解 ② 通过学生的观察和思维 ③ 通过篮球战术配合的运用 ④ 通过篮球战术中角色的分工
身体素质	① 力量素质 ② 速度素质 ③ 耐力素质 ④ 柔韧素质 ⑤ 灵敏素质 ⑥ 协调素质	① 培养学生吃苦耐劳的精神 ② 培养学生不抛弃、不放弃的精神 ③ 培养学生坚忍不拔、顽强进取的意志 ④ 培养学生相互帮助、共同合作的意识和习惯	坚强意志 安全意识 团结合作 敬业精神	① 通过身体素质的测试 ② 通过身体素质的锻炼 ③ 通过教师的语言 ④ 通过相关的事例
裁判知识	① 篮球裁判规则中犯规部分 ② 篮球规则中违例部分 ③ 篮球裁判技巧与方法 ④ 篮球裁判员的基本要求与素养	① 培养学生遵守公平、公开、公正的竞争原则 ② 培养学生遵守社会规范的意识 ③ 培养学生相互配合的意识和能力 ④ 培养学生尊重他人的意识 ⑤ 培养学生服从、服务的意识	道德规范 社会责任 服务意识 尊重理解	① 通过篮球裁判规则的讲解 ② 通过篮球裁判方法技巧的讲解示范 ③ 通过篮球裁判视频分析 ④ 通过篮球裁判值裁实践

四、案例教学设计

1. 教学目标

（1）学情分析：由于篮球运动基础相对较好的学生参加了篮球竞赛班，目前选择篮球选项课的学生的篮球基础相对薄弱，身体素质也有待于提高，对于相对复杂的"四角跑动传接球"教学来说有一定的困难。

学生经过上课学习，已经基本了解和掌握了"四角跑动传接球"的线路、方法及轮转规则，但由于"四角跑动传接球"线路复杂、轮转跑动快等特点，学生掌握还不够熟练，需要通过老师的讲解、指挥和学生的继续练习，以便熟练地掌握"四角跑动传接球"的线路和方法，为进一步学习"四角跑动传接球结合半场上篮""四角跑动传接球结合全场上篮"的学习奠定基础。

"四角跑动传接球结合半场上篮"和"四角跑动传接球结合全场上篮"是在"四角跑动传接球"技术的基础上结合篮球运动实际技术，更加有利于提高学生在篮球运动实践中的操作能力。

（2）知识目标：熟练掌握"四角跑动传接球"技术的线路与方法；基本掌握"四角跑动传接球"结合半场上篮技术的方法和技巧；基本掌握"四角跑动传接球"结合全场上篮技术的方法和技巧。

（3）能力目标：发展学生篮球意识，即篮球运动战术的运用能力；发展学生多个篮球技术组合运用的能力；发展大学生的耐力素质。

（4）价值目标：培养大学生团结协作的精神；培养大学生服从、服务的意识；培养大学生顽强拼搏的意志。

2. 教学手段与方法

（1）循序渐进的方法：在"四角跑动传接球"教学中按照无球、有球的顺序是学生掌握四角跑动传接球的线路、方法，再在此基础上增加接球上篮技术，最后再加上全场传接球上篮技术。

（2）运用跑、跳、投等动作组合，提高大学生的篮球运动基本功。

(3) 讲解、示范加演示。

(4) 运用网络进一步加深大学生"四角跑动传接球"的学习效果。

(5) 在篮球基础练习过程中培养大学生篮球运动的意识。

3. 课程思政元素分析

(1) 篮球运动中包括四角跑动传接球,需要同学们相互之间的协调配合,有利于培养大学生的团队协作意识。

(2) 四角跑动传接球需要掌握人、球及跑动的节奏,有利于培养大学生按照运动规律行动以及遵守规律、按章办事的习惯。

(3) 篮球运动中,需要有为同伴创造机会的意识,这样才有利于团队的胜利,并有利于培养大学生的服务意识。

(4) 四角跑动传接球运动中,需要大家积极跑动,努力达成目标,能够培养大学生顽强拼搏的意识。

4. 教学内容分析

(1) 教学内容:复习四角跑动传接球;学习四角跑动传接球结合半场上篮技术;学习四角跑动传接球结合全场上篮技术;教学比赛;素质练习1000米跑。

(2) 教学重点:四角跑动传接球线路与方法;四角跑动传接球与半场上篮、全场上篮的技术结合。

(3) 教学难点:四角跑动传接球的线路、节奏与顺序;四角跑动传接球与半场上篮、全场上篮的技术结合的连接。

5. 教学过程

(1) 集合整队及课堂常规。(4min)

(2) 准备活动。活动各个关节,并调动身体潜能,尤其是内脏器官和神经系统的活动能力。(10min)

(3) 在中圈附近进行四角跑动传接球的复习,教师指挥学生练习,并提出相应的要求。通过增加球的方法逐渐增加练习难度。要求同学们掌握篮球运动的基本规律及运动节奏,养成按章办事的习惯。(8min)

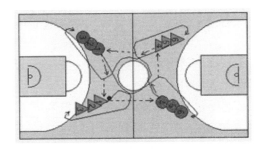

图1　四角跑动传接球

（4）在半场学习四角跑动传接球与半场上篮的组合技术,教师讲解示范和口令指挥,尤其是上篮后篮板球的处理及与后续跑动传接球的连接,也可以通过个别学生示范来进行讲解。要求同学之间相互协调配合,需要时可以相互提醒,培养大学生的团队协作意识。（10min）

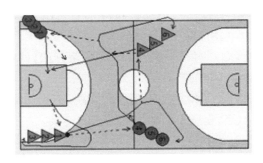

图2　四角跑动传接球结合半场上篮

（5）全场学习四角跑动传接球与全场上篮的组合技术,教师讲解示范和口令指挥,并通过逐渐增加球的方法增加练习难度。要求学生精力集中、积极跑动,尽力更好地完成练习,培养大学生顽强拼搏的意志及服务意识。（10min）

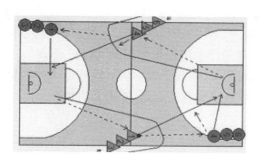

图 3 四角跑动传接球结合全场上篮

（6）教学比赛：学生分组进行，教师巡回检查指导。通过团队合作培养大学生相互协作及服从规则的意识。（22min）

（7）素质练习：1000米跑，在田径场进行。通过讲解及要求培养大学生顽强拼搏的意志。（20min）

（8）放松活动、整队、小结及布置课后作业。（6min）

五、教学效果分析与反思

（1）通过四角跑动传接球的学习，学生基本掌握了篮球运动中移动传接球的方法及技巧，掌握了人、球移动的基本规律，学会了篮球运动中的跑动线路及节奏，为大学生参与篮球运动实践奠定了良好的基础。

（2）由于部分学生的篮球基础较差，所以在学习中还有部分同学出现理解困难、感觉线路复杂、移动节奏混乱等问题，需要同学们在课后加强篮球基本功练习及篮球运动意识的培养。

（3）学习过程中还发现，有些同学单个的传球、接球、上篮及篮板球技术还可以，但遇到多项技术组合运用时，反而使单个技术受到影响而动作变形，从而达不到组合技术的理想效果，说明这些同学基本功还不够扎实，有待于进一步的学习和加强。

（4）由于课堂时间有限，需要同学们通过网络课程资料进行自我学习和锻炼。体育运动的基础在平时,只有多学、多练才能掌握更多、更好的技术。

（5）由于教学中采用逐渐增加难度(球)的方法,尤其是组合技术和网络技术的运用,增强了大学生对篮球运动技术学习的兴趣,有利于培养大学生终身体育的意识、能力和习惯。

篮球课程思政设计探索
——以"弘扬篮球场上的体育精神"为例

高雪蕾

一、课程简介

"建设体育强国,是全面建设社会主义现代化国家的一个重要目标。"体育作为中国特色社会主义教育的重要组成部分,是培养学生身心协调发展、塑造人文精神与意志品质的重要途径。篮球运动作为一项在学生群体中广受欢迎的运动,把思想政治教育融入到篮球运动教学中,不仅能提升学生的身体素质,也能使其在篮球比赛中感受到竞争、合作、奉献与爱国精神,培养学生追求卓越的意志品质,从而完善学生的人格,促进学生的全面发展。

二、课程思政教学设计思路

1. 篮球课程思政特征分析

篮球课程的思政教学主要从体育精神入手,以篮球的发展引领学生承担起篮球运动继续向前的责任与使命;以篮球的训练帮助学生了解篮球场上的基本规则、科学的训练方法等,培养学生坚韧的意志品质,提高学生赛场上的人文素养;以经典的篮球战役激发学生勇于拼搏的挑战者精神,增强民族荣誉感;以实战比赛引导学生注重相互配合、团结协作,培育学生的团队意识与集体主义精神。

2. 篮球课程思政教学目标

通过对篮球运动的起源发展、理论知识、规则技术等的教学,以及实战比赛观看与战术、技术分析,系统了解篮球运动的基本知识与技能,树立科学运动、终身体育的健身理念,达到强身健体、增强学生身体素质的健康目的。通过实践,培养学生团结协作、齐心合力的团队精神,提升学生理论与实践相结合的思维方式,培养学生吃苦耐劳的拼搏精神与爱国情怀。

三、课程思政教学设计与实践

1. 整体介绍
(1) 课程设计:

表1 篮球课程思政教学设计

课程章节	知识点	课程思政教学要点	所属思政维度	教学方法
第一章	篮球发展概述	从篮球运动的起源与发展追溯篮球运动精神的孕育与传承,学习理论知识中蕴含的爱国情怀、人文素养	文化自信、人文精神	讲授法
	技术与战术学习	在技术、战术学习中要仔细观察、用心理解、认真模仿、反复练习、合理运用,尤其在团队练习中,要根据对方队员变化不断调整,从而不断提高学生的个人素养并培养哲学思维	道德规范、思维品质	讨论法
	经典战役	通过回顾篮球场上的经典战役,让学生感受比赛时的自豪与激动,铭记体育中永不言弃、敢于担当的精神,学习球员们不服输、坚韧不拔的意志品质	正确民族观:民族荣誉感、家国情怀	演示法
第二章	实战比赛	培养学生敢于承担个人责任和团队责任的精神,激发大学生的集体主义精神和团队合作精神	理论与实践相结合	实践法

(2) 教学目标:

学情分析:篮球作为一项经典的运动项目,受到学生群体的广泛喜欢,但多数人对于篮球的了解仅停留在娱乐活动的层面上,缺乏系统的基本理论知识,包括身体素质的需求、技术战术的原理、实战比赛中的人文精神等,因此,篮球课程的学习可以让学生对篮球运动的了解更加深入与系统。

知识目标:通过对篮球运动的系统了解,让学生掌握篮球运动的起源发展、运动特点、竞赛规则、篮球裁判法等基本理论知识;另外,从篮球运动的起源与发展追溯篮球运动精神的孕育与传承,学习理论知识中蕴含的爱国情怀、人文素养、规则遵守、社会责任、顽强拼搏、相互合作等优秀品质与精神,达到与思政紧密融合的育人目标。

能力目标:从篮球基本理论知识,到具体技术、战术的练习与实践,以及篮球竞赛规则、裁判法等的深入学习,熟练掌握与应用比赛中的技术(传接球、运球、投篮、持球突破、个人防守、抢篮板球)和战术(如传切配合、突分配合、掩护配合、快攻、夹击、挤过等),提升学生篮球运动的体育素养,提高欣赏高水平比赛的能力。

价值目标:通过回顾篮球场上的经典战役,让学生感受比赛时的自豪与激动,铭记体育中永不言弃、敢于担当的精神,学习球员们不服输、坚韧不拔的意志品质。并在实战练习中,做到与团队配合,相互信任、不推责、不抱怨,团结协作,全力以赴赢得比赛,引导学生追求卓越,全面发展。

(3) 教学手段与方法:主要通过课堂讲授法、小组讨论法、经典战役观看与分析、实践比赛等教学方法,加强学生理论与实践相结合的思维方式,培养学生的协作意识、拼搏精神与爱国情怀等体育精神。

(4) 课程思政元素分析:以"体育精神、团队精神"为育人主题,从理论知识中获取扎根文化自信、品味体育发展中的人文精神;从技术、战术学习中了解赛场道德规范;从篮球经典战役中树立正确的民族观,胸怀民族荣誉感与家国情怀;从实战练习中培养理论与实践相结合的学习模式,建立良好的思维品质。

(5) 教学内容分析:第 1 学时内容以理论知识为主,让学生掌握篮球运动的起源发展、运动特点、竞赛规则、篮球裁判法等理论知识,以及每项技术的标准做法与原理、战术的配合等。

第 2 学时内容结合第 1 学时的技术、战术等,分组进行实战比赛,并对学生的身体素质、技术的熟练、团队配合、篮球规则等项目进行评判,全面了解学生对于篮球课程的理解和掌握。

篮球课程的思政教学重点在于"经典战役"的回顾,压力之下的应变与沉着,体育场上的坚守与呐喊,最能激发大家心中的热情与荣誉感,感受体育独一无二的魅力与精神。

篮球课程的教学难点主要在于实践的应用上面。学习后的实践是一个循序渐进的过程,要在学习－实践－总结－实践－再学习的闭环中迭代进步,因此,就需要学生通过反复练习不断扎实基础,这也是培养学生思维与品质的重要过程。

2. 篮球场上的体育精神(案例)

在篮球课程的实践教学中,为了达到熟练的技术动作,首先要让学生在大脑中有明确的动作图像,通过视频与练习的结合,不断重复纠正练习过程,最后达到准确流畅的动作定型,由此,学生在练习中要讲究科学性和规范性,在技术、战术学习中要仔细观察、用心理解、认真模仿、反复练习、合理运用,尤其在团队练习中,要根据对方队员变化不断调整。这就要求学生有坚强的意志品质,有责任感,相互信任和相互合作,在篮球规则下,要对理论知识深入理解,才能更好地掌握篮球的基本战术。这个过程能不断提高学生的个人素养并培养哲学思维。

(1) 2004 雅典奥运会,中国 VS 塞黑,击败世界冠军。

在 2004 年的雅典奥运会上,中国队迎战当时的世界冠军塞黑队,中国男篮面临着背水一战的情形,如果输掉这场比赛,那么中国男篮就将无缘最终的八强。在比赛中,中国男篮爆发出了让人震惊的状态,姚明全场比赛砍下 27 分 13 个篮板,李楠拿下 14 分,姚明还贡献了一个经典的脑后传球,这些都是中国男篮历史上的经典时刻,最终,中国男篮以67∶66险胜对手,跻身奥运会八强!

图1 2004年雅典奥运会中国队VS塞黑队精彩场面

(2) 2008年北京奥运会,中国VS德国,击退德国战车。

2008年8月16日,北京奥运会小组赛,中国队对阵德国队,这场比赛对于双方来说都是生死之战。比赛开始前,中国男篮在前三战中分别输给了西班牙队和美国队,战胜了安哥拉队,如果本场比赛能够战胜德国队,他们将会提前小组出线晋级八强。在之前与德国队的12次交手中,中国男篮仅仅赢下2次,取胜难度可想而知。

中国队一开场就展现了必胜的决心,而作为豪强的德国队也不甘示弱,甚至在第二节一度反超比分。比赛一直胶着到了最后时刻,在巨大的压力下,中国队倾其所有,极其艰难地拿下了这场比赛,让中国男篮历史上第三次挺进奥运会的八强!

篮球教学过程中,实战比赛也是重要的环节,组织篮球比赛等能很好地培养学生的团队合作精神、服从教练安排的战术,使其敢于承担个人责任和团队责任、遵守规则、尊重裁判和队员并能锻炼学生的创新能力、组织协调能力和人际交往能力,激发大学生的集体主义精神和团队合作精神。

四、课程思政成效评价

篮球运动对于身体素质的要求较高,跑跳投贯穿始终,因此,平时课程中也穿插体能教学,并在课后实践,让学生在平日养成锻炼身体的良好习惯,保持良好的体能才能在实战中取胜。篮球运动本身作为一项极具特色的运动,能吸引学生的兴趣,对于学生身体素质的提高有很好的效果。通过篮球课程的练习与比赛,学生能克服注意力不集中、动作变形、怯场、紧张等;在实战比赛中,学生们能吃苦耐劳、勇于拼搏,队员之间齐心协力、团结合作赢得比赛。另外,重要的是,学生通过篮球运动,从中领悟体育对于人们精神的引领,体育之表是增强人民体质,但体育之里其实是一种精神,一种更高、更快、更强,一种勇攀高峰的由内而外的进取精神。

五、课程思政教学反思

篮球运动作为一项综合性的非周期性集体运动,运动内容结构的多元性、竞赛过程的多变性,有助于培养活动者的综合素质,增进身体健康、活跃身心、增长知识,对提升运动者的综合才干、开发智慧、培养优良品质和顽强意志都起到积极作用。

从社会学角度来说,有广泛群众基础和特殊社会影响的体育项目,对提高参与人员的素质,活跃社会文化生活,促进社会交往,增进国家与民族的自尊自强都有积极的教育价值。

女子篮球竞赛班课程思政设计探索

戴根泉

一、课程简介

本课以"健康第一"为指导思想,以实现大学体育专项化水平提升,全面推进课程思政建设,深化体育教学改革为目标。力求提升大学生的篮球学习兴趣,提高大学生篮球专项技能,培养大学生的合作精神。课程面向具有一定篮球水平的大学生,以大学生自主锻炼、自主学习、自主探求为手段,以篮球个人和全队技战术为主要学习内容,通过参与校内外比赛,全面提高大学生篮球专项水平和身体素质,培养大学生团队合作精神和终身体育意识。

二、教学设计思路

1. 教学目标

以校女子篮球社社长和竞赛班校队成员为骨干,将竞赛班学生分成若干小组。每队根据自身和全队篮球水平自主制定训练计划,提升个人和全队技战术水平。运用所学的技能,在每周训练和比赛中,找出自身的不足和差距。

2. 思政育人目标

培养学生自主锻炼的习惯,养成终身体育的意识,增强体质,培养团队合作精神。

三、教学设计与实践

1. 整体介绍

(1) 教学设计。教师在微信群里先发布一些权威的篮球技战术训练和 CBA 比赛视频。充分利用篮球运动的魅力对学生进行爱国主义和集体主义教育,明确团队合作的重要性,激发学生学习篮球的兴趣和积极性。学生通过每周的训练和比赛,了解只有平时加强篮球训练,才能增强体质,并在篮球比赛中体现自己和团队的水平,从而达到体育课的思政育人效果。

（2）教学实践。在课堂教学中,首先由每队队长根据本节课的训练计划进行训练和比赛,实施自主学习和自主比赛,充分发挥每队队员的自身能力,培养其团队合作精神。教师巡视并根据每队训练和比赛的情况进行指导,让学生能够及时掌握训练和比赛的能力。

（3）教学成果展示。通过学期后期的竞赛班教学比赛,既能激发学生的荣誉感和进取心,又能让学生体验竞争和团队协作精神。

（4）课外锻炼。在每节课后都会要求学生每周坚持篮球训练 3 天以上,以提高篮球技战术训练水平,坚持养成运动习惯,增强体质,培养顽强拼搏的精神。同时,为了更好地激发学生对篮球的兴趣,在微信群里及时预告 CBA 等篮球比赛的时间,以便学生收看。

2. 案例佐证

（1）案例设计:

教学设计:全场三人"8"字传接球。由于全场三人"8"字传接球练习具有多人参与、跑动路线曲折、传球轮转快等特点,有些学生无法完成练习。因此,需要进一步明确该练习项目的要点,以便尽快熟练地掌握全场三人"8"字传接球练习路线和方法。

练习方法(如图1所示):

① 传球队员要从接球队员的身后绕出去向前跑动。

② 接球队员千万不要把球回传给传球的队员,一定要传给第三人。

图 1　全场三人"8"字传接球

③ 传球队员传完球后要快速地跑到最前面,这样下一个传球人才有传球的方向和目标。

(2) 思政要点及方法:相互之间要协同一致,配合默契,培养大学生团结协作的精神;思想要集中,注意相互间的提醒与鼓励,培养大学生协调沟通的能力;跑动要积极,并注意跑动的节奏,培养大学生责任担当意识。

(3) 教学手段与方法:

讲解、示范:明确练习要求、路线及方法。

无球练习:熟悉练习路线和方法。

有球练习:熟练掌握练习路线和方法。

(4) 教学难点:跑动路线、速度与传接球技术。

四、成效评价

在学期结束时,要求每个学生对本学期的课程进行评价,了解学生对课程教学的感想,收集反馈意见。同学们一致认为身体素质有提高,对篮球运动的理解增强了,个人技战术有显著的提升,认识到集体观念的重要性,能够每天坚持锻炼。

五、教学反思

在教学过程中发现部分学生的篮球基本功较差,因此在今后训练中要增加对基本功的练习,提升个人技战术水平和比赛能力。

排球课程思政设计探索

冯 园

排球运动源于美国,为球类集体项目之一,在我国有着广泛的群众基础。中国女排不仅是时代的集体记忆,更是激励国人继续奋斗、自强不息的精神符号。尽管成绩有起伏,但团结协作、顽强拼搏的"女排精神"始终代代相传,极大地激发了中国人的自豪感、自尊心和自信心。

一、教学目标

1. 课程教学目标

(1) 掌握排球运动的基本理论和技术,树立正确的体育观,养成积极锻炼的良好习惯。

(2) 排球运动不仅能提高人们的力量、速度、灵活性、耐力、弹跳力、反应等身体素质和运动能力,改善身体各器官、系统的机能状况,还能培养机智、果断、沉着等心理素质,也是促进学生精神文明养成的一种良好手段。

(3) 通过排球比赛和训练,可以培养团结战斗的集体主义精神;可以培养胜不骄、败不馁、勇敢顽强、克服困难、坚持到底的良好品格。

(4) 排球场上每个位置的技战术特点需求多样化、多局制的比赛方式要求队员在各个位置各尽其职,通过团队协作发挥每个队员的特长,使队员在团队中多样化发展。

(5) 通过让学生领悟排球规则和教学比赛中的道德教育,养成学生高尚的道德品质。

二、课程思政教学与对应知识点设计

按照课程教学内在逻辑,划分知识单位模块结构,列明知识传授、能力培养要点以及对应的课程思政教学要点。要求通过表格形式呈现,要详细、直观,具体如下:

表1 课程思政教学对应知识点

	知识传授和能力培养要点		课程思政教学要点
理论学习	① 介绍排球运动的起源和项目精神 ② 介绍本学期教学内容及考试标准 ③《体育与健康》科学锻炼理论学习 基本要求:认真听讲体会、记录重点知识、树立科学锻炼的理念	了解	项目精神熏陶、科学锻炼的习惯、纪律
技术学习	① 排球的发、传、垫、扣、拦网5大基本技术分组教学及练习 ② 以基本功考核为基础分组学习	掌握	吃苦耐劳、自我管理、终身学习能力
战术学习	① 进攻战术(强攻战术、快攻战术等) ② 防守战术("四二"配备、"五一"配备) 基本要求:积极参与战术制定、严格执行战术、大局观考虑问题	熟练	分析与解决问题能力、沟通协作能力、社会责任意识、自我管理能力
身体素质	① 力量素质 ② 速度素质 ③ 耐力素质 ④ 柔韧素质 ⑤ 灵敏素质 ⑥ 协调素质 基本要求:脚踏实地、规律锻炼习惯、善于思考、针对性地设置锻炼内容	熟练	吃苦耐劳、科学实践、自我管理能力

三、课程思政教学反思

1. 整体设计思路给予教师更大的德育空间和挑战

排球课程整体设计思路围绕项目特有的运行机制,充分放大在理论、技战术和素质教学中的德育效果。课程中分组别和位置的多样技战术教学,给学生以多样化的发展,但与此同时很多学生还是会把位置和组别分高低贵贱,都希望成为得分者或者战术的制定者,这时候就需要教师进行德育教育去影响学生转变观念,提高位置和组别的自信。教师需要时刻关注在学生小组交流和实践中出现的德育情境并及时地给予德育干扰,一旦教师疏于观察,将会造成问题。

2. 教学模块在各组间应该协同同步

课程主要以分组形式开展,各组又有各组的教学进度和位置划分,例如在实施过程中,二传手是一个队伍的大脑,其他位置的同学此时就应该在战术演练时充分信任二传,接好一传,不到位的球互相补位,不出现空挡让球。排球是一项团队协作的项目,各个位置队员又各司其职,很容易出现扯皮推脱责任的情况,教师要加强德育教育,让整个组高效互补地协同成长。

3. 知识要点融合发展

当组别内部自身技战术已经成型,就需要对组别对手的技战术有所了解。例如:一个队伍主攻手比较强,战术以四号位强攻为主。但进攻战术只围绕一个人执行,会造成拦死一个人就控制了比赛。教师在教学过程中要注重培养学生换角度思考的能力,提高学生发现问题解决问题的能力。

4. 育人要素运用合理

在练习中当有学生出现问题需要德育要素导入时,教师往往会陷入口头上正面鼓励教育乏力境地,特殊情况下这种德育效果并不显著,教师有时要跳出这种局限,多角度思考,从侧面无痕地影响学生。例如:学生面对对手实力更强或连续失分的情况时,一味地鼓励不要怕,效果并不明显。如果换个角度,及时调整战术让主力队员挺身而出，用语言来感染其他学生，可以事半功倍。这就需要教师在长期的教学实践中积累和总结经验。

5. 教学方法多样化

学生的多样性要求我们在进行教学方法选择的时候要多样化，体育教学不应该用一个磨具去教一群不一样的学生。应该让学生在最大程度地保留住自身特点的情况下在团队中完善自己。本课程分组确定位置的组织形式可以很大程度上保留学生的多样性，自由人组和二传组需要用合适的方法培养他们稳重踏实的素质，在方法的选择上要偏向实用高效能的风格，而攻手组则需要让他们放开思路充分发挥创造力。

6. 教材运用要合理

当前排球的教材选择比较多，需要教师在日常实践和专项学习中不断积累和总结经验，并用科学的理论武装。以权威教材为科学指导，可以为教学实践提供正确的方向指引。

健美操课程思政设计探索

徐 斌

目前,大学生普遍倾向于呈现个人主义和自由主义的精神形象,而团队意识相对薄弱。通过课堂教学活动,有目的、有计划、有组织地指导大学生互相照顾、互相支持、相互配合,培养集体主义精神,最后让学生明白只有在集体中才能有个人自由,让学生深刻地感受到,如果离开团队,个人的发展就无法实现。

一、教学目标

1. 课程教学目标

合作学习是指学生为了完成共同的任务,有明确的责任分工的互助性学习。合作学习鼓励学生为集体的利益和个人的利益而一起工作,在完成共同任务的过程中实现各自的学习目标。合作学习能激发学生发挥出自己的最高水平;能促进学生间在学习上的互相帮助、共同提高;能增进同学间的感情交流,改善他们的人际关系;能提高学生学习能力和效率,使学习成绩的提高效果显著。当代大学生必须增强团结协作精神和合作学习能力。

2. 思政育人目标

(1) 设计思路:健美操期末考核的技术动作其中一项是要求以小组为单位完成的,这就要求小组学生要齐心协力、相互合作、团结友爱,逐步适应并形成与同伴良好的交往模式;半自编套路的学习是教给学生规定的脚步动作,将学生分为十人左右的小组,小组按照规定的音乐进行上肢动作的编排以及队形的变换,完成规定动作后可自愿加入其他舞蹈动作。

(2) 思政育人目标:使学生对合作学练有深刻认知,并能够在实践中激发自身潜能,相互帮助,相互交流,共同提高。

(3) 育人主题:培养团结合作精神,提高协作学练能力。

二、教学实施过程

动作的编排和展示都以小组为单位,可以培养学生的集体主义感和团队精神。这个过程引导学生互相照顾、相互支持,有计划、有组织地相互配合,使他们深刻认识到离开团队就无法实现个人的发展。只有在集体中,个人才能获得发展的坐标和参考,才能享受成功和自我提升的快乐。

(1) 加入自编动作,发挥学生的积极创造性。通过自己创编加入动作,可以发挥有创新能力学生的优势,将学过的动作融会贯通运用到实践中。

(2) 通过对动作质量的评分,体现体育的思想政治教育具有规范性,每个运动项目都有其规则和要求。作为广大社会中的一分子,应当规范自己的思想和行为。通过体育比赛决出名次,可以激发荣誉感和进取心,能有效培养学生们的竞争意识和团结协作精神,让他们理性地看待成功与失败。

案例:健美操动作套路组合队形创编

1. 课前预习任务布置(线上)

在上课前一天通过班级微信群、授课平台等发布预习任务。

(1) 上传健美操队形设计的方法与原则知识点的 PPT 及语音视频;

(2) 收集健美操比赛队形案例视频;

(3) 平台讨论区内容:分析案例中队形设计的优缺点并提出解决方案。

2. 课堂中学习阶段

在完成了课前的预习目标后,根据课堂教学内容再布置课堂任务,将学生划分成若干小组,利用线上教学资源的开放性,循环播放,让小组成员相互组织参与探讨,建立起清晰的队形框架设计并付诸实战运用,有效推进线下的教学实践。同时使学生在与他人协作解决问题、听取别人观点、表达自己态度中获得团队协作及交际能力,提升学生的综合素质。

3. 创编队形展示

为了检验学生的学习效果,课堂内组织小组竞赛。一方面,给学生充分提供一个展示团队、相互交流信息的的平台;另一方面,每个体育项目都有其规则与要求,可以培养学生遵守比赛规则的意识,做到尊重比赛、尊重裁判,锻炼学生永不服输的坚强品质。对比赛输掉的小组成员,教师帮助他们调节情绪,使他们能更加积极乐观地面对未来生活和工作中的困难和挫折。

三、教学效果

1. 学生在课中的参与

学生是课堂的主体,参与度非常重要。健美操课是选修课,学生来自不同的学院和班级,这种形式的练习可以大大增加学生的参与度,提高学生的实践积极性,积极参加体育活动,充分发挥以学生为主体的宗旨;小组间互相讨论、一起编排还能增强团队意识,有利于学生的个性发展,培养团结、友爱、互助的品质。

2. 学生在课中的交流

沟通和交流是培养学生友好交往与合作精神的重要途径,也是学生是课堂主体的具体体现。教师在学生编排动作时提供指导,增加与学生交流的机会,营造民主、和谐、平等、轻松的学习氛围。在这种环境中,学生感到安全、和谐、独立,这有助于学生相互学习,相互促进,减少个体差异。

3. 学生目标的达成

在课堂上,教师应始终关注学生是否掌握了运动技能,并将他们学到的技术整合到原有技术中。让能力强的同学发挥长处,让协调性不好的同学也能跟得上,让每个同学都参与其中。在每个人的协作下一起完成套路,不仅可以体验成功的喜悦,还能使每个学生都得到发展。

四、教学反思

(1) 有个别同学协调性不好,音乐节奏感差,记不住动作或者跟不上音乐,影响整体的表演效果,会有一定的自卑心理。健美操班后期分5-6个小组,每个组的能力都参差不齐,通过不断地观察,应当把个别协调性较差的同学调到能力低的组,这样的小组动作编排更为简单,便于这些同学找到自信,并且跟得上进度。

(2) 半自编动作并不是每个同学都喜爱并擅长的套路组合,一些有舞蹈天赋的同学不能完全施展自己,因此今后实施中可以稍作修改,比如在规定动作完成后自愿增加其他自编动作,选取自己擅长的动作,充分发挥自己的才艺和创造力,并且可以适当给予加分奖励。

健美操课程思政设计探索
——以《歌唱祖国啦啦操套路》教学为例

李 婷

一、课程简介

健美操是一项具有高度艺术性特点的运动项目,是体育与美育结合的课程。通过健美操练习,以提高学生的运动兴趣,陶冶情操。通过健美操教学,以提高学生的技能水平和体质健康水平,培养学生的创编能力和审美能力;通过表演与竞赛,以培养学生的规则意识及良好的体育道德精神。

二、课程教学目标

1. 教学目标

(1) 知识目标:了解背景音乐知识,理解歌曲背后的意义,理解啦啦操所蕴含的核心体育价值——阳光、自信、魅力。

(2) 能力目标:通过模仿、自主练习,掌握啦啦操的套路及技术要领;通过创编讲解与要求,能自编动作;通过素质练习,发展上肢力量,以提高啦啦操手位的发力速度。

(3) 价值目标:培养学生创新能力、合作探究能力和审美能力,增强团队协作精神,养成良好的运动习惯。

2. 思政育人目标

(1) 设计思路。首先向学生介绍《歌唱祖国啦啦操套路》音乐的创作背景,提高学生的学习兴趣,培养学生爱国主义情怀,增强民族自豪感;其次通过教学实践互动形式,在互动过程中初步掌握基本技术动作及练习方法,提高技能水平。且在教学组织和形式上,根据学生能力的差异性,合理进行分组练习,发挥优秀学生的组织管理能力和创编能力,提高零基础学生的学习积极性;通过成果展示,师生互评,生生互评,提高学生审美能力;最后通过布置作业及学习沟通交流,培养学生良好的锻炼习惯以及顽强拼搏精神。

（2）思政育人目标:培养学生的爱国精神,民族自豪感;培养学生相互探究、团结合作的精神;培养学生良好的自信心。

三、教学重点与难点

重点:啦啦操手位的准确性和发力;
难点:成套动作衔接与音乐的协调配合。

四、教学现状分析

1. 学情分析

本课程的教学对象是健美操竞赛班学生。学生由大一、大二学生组成,虽都具有一定的舞蹈基础,但在动作技术掌握的快慢上还有些差异。部分学生初步掌握了健美操的基本动作特点,能够按照音乐的节奏和速度,协调、规范、优美地完成组合动作,并且能够结合所学的理论知识,进行动作、造型的创编,为自主学习动作和队形创编及竞赛表演打下了基础。

2. 教材分析

《歌唱祖国》是由著名作曲家王莘于1950年9月适逢新中国成立一周年时,看到天安门广场五星红旗随风飘扬、鲜花如海的热闹景象时有感而作。这是一首凝结了人民之声、民族之魂的爱国歌曲。歌曲经过改编,节奏变得更具有律动感。2019年,中国啦啦操协会为庆祝新中国70华诞编排了《歌唱祖国啦啦操套路》并在自媒体上进行推广。此套路一经推广,深受广大青少年的喜爱,套路的技术动作简单大方,稳重当中又夹杂了青春活泼的个性,运动路线多变,既有助于学生多角度的思维开发,又很好地展现出当代大学生的青春朝气,进一步激发了学生学习健美操的兴趣和热情,有利于培养学生的爱国情怀和民族自豪感。

五、教学方法

本课程主要采用线上+线下混合式教学法、分组教学法、自主练习法、教师指导教学法。

六、教学过程

1. 课程导入部分

表1　课程导入

教学环节	教学内容	与思政融合点
课前	利用线上平台提前通知发布本节课的学习内容,指导学生观看啦啦操套路及比赛等视频。并通过PPT录制视频讲解,让学生观看技术技能等视频,提前进行预习,初步形成动作概念	观看成套动作素材,以歌曲创作背景介绍为切入点,对学生进行爱国主义教育,感受祖国的强大,激发学生学习兴趣和积极性。通过观看训练和竞赛视频,感受运动锻炼的不易,从而培养学生团队合作及集体荣誉感

2. 实践教学部分

表2　实践教学

实践教学环节		教学内容	与思政融合点	
开始部分		教学常规(上课考勤,不迟到/不早退/不旷课),师生问好	做一个守时、遵守约定的人体验相互尊重的礼仪	
准备部分		邀请学生进行准备活动	培养学生的组织能力和示范能力	
基本部分	探究创编部分	按照分层教学原则,将学生进行分组练习及创编	① 进行分组练习,让学生自主探究式学习,培养其管理组织及团队精神 ② 通过小组创编,发挥学生创新能力的优势,培养创新思维的能力	① 遵守规则与培养良好体育道德 ② 调动学生的积极性与参与度
	成果展示部分	通过教学展示(或比赛),让学生将所学动作进行小组展示比拼,决出优胜	① 通过展示,师生互评和生生互评的方式,提高学生的审美意识 ② 让学生更直观地理解竞赛规则,从而理性地看待成功和失败,活跃了课堂气氛	
放松部分		邀请学生进行带领练习	调节情绪,陶冶情操	

3. 课后练习部分

表3　课后练习

教学环节	教学内容	与思政融合点
课后	① 布置作业和任务，视频打卡所学动作，并进行课后点评 ② 关注学生感兴趣的舞蹈，通过改编、上传，并将其作为拓展素材用于学生课后锻炼，并上传至班级群或自媒体	① 激发学生坚持锻炼的兴趣，培养运动习惯 ② 培养学生积极向上的学习和生活态度

七、教学成效

1. 发挥学生主观能动性，培养学生团结协作、敢于创造、勇于拼搏的奋斗精神

课程开展的整个过程中，充分发挥了学生的主观能动性。尤其是在训练比赛遇到难度和困难时，学生们会通过相互监督、互相打气、互相安慰等形式来缓解和处理训练比赛过程中遇到的问题，这有利于培养学生永不言败、不畏困难的体育精神，是在体育教学中育德功能的体现。班级学生曾多次代表学校获得市级比赛荣誉，且通过

图1　参加市级竞赛积累宝贵经验

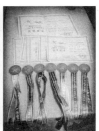

图2 所获部分荣誉

比赛(或演出)经历,学生深刻地体会体育精神所带来的力量。每一次比赛(或演出),就是一次经验的积累,一次成长。

2. 服务社会,提高学生的实践能力,为体育育人提供有利平台

学生通过服务社会将所学知识和技能付诸实践,是自身得到成长的重要途径,同时也是发挥体育育人功能的重要体现。健美操竞赛班学生深入中小学进行啦啦操教学,既提高了学生的实践能力,也深刻体验了体育育人的作用。另外,积极参与社区公益活动表演,既展示了自己,又为校企合作交流构建了一座坚实的桥梁。

图3 竞赛班学生深入中小学进行啦啦操教学实践

图4　参加马拉松公益活动

八、教学反思

学生作为学校教学的主体,培养"德、智、体、美、劳"全方位发展的人才是教学的目的,所以学生的获得感是检验课程改革成效的标准。体育育人除了要提高学生技能水平和身体健康外,还要让学生的认知水平、文化素养、价值观念得到提升,这样才能落实立德树人根本任务,这才是课程思政的成功体现。课程取得的成效是否能量化,如何进行好课程评价是值得我们思考和研究的问题。现阶段,教师应对教学过程中专项知识和思政元素结合点进行及时总结,从不同的角度探寻更好的教学,如教学内容的选择,教学方法和组织形式的创新,不断拓展自己的业务水平,合理地进行教学设计。只要找准多样化教学方式中课程思政的切入点,就可以在潜移默化中落实教学目标。

花样跳绳课程思政设计探索
——以"开学第一课"为例

王丹丹

一、课程简介

1. 课程目的

花样跳绳是以学生的身心发展特点和规律为根基,以跳绳为载体,以身体练习促进身心健康发展为导向,以增强学生体质、健全学生人格,培养学生的家国情怀,引导学生形成终身运动习惯,建立健康生活方式为教学目的的实践操作类通识课程。

2. 课程教学模式

花样跳绳课程采用线上与线下相结合、课上与课下相结合、理论与实践相结合、技术与体能相结合、个人与团体相结合、教学与实践相结合的多元互动模式,引导学生建立正确的大健康观、终身健康观,使学生"想运动、能运动、要运动",将运动贯穿于生活,融于一生。

二、课程思政教学设计思路

1. 花样跳绳课程思政教学设计注重立体性、系统性和多元性

（1）立体性:将思政元素以案例、生活化的方式融入教学中。

（2）系统性:将正确的世界观、人生观、价值观相关的思政理念贯穿于整个课程的始末,使课程各部分的思政元素既有联系,又各有特色。

（3）多元性:课程思政的设计不限于体育课程本身,更关注于学生知识技能相关的坚毅、果敢、担当、乐观、上进、责任等品格培养,更关注学生思维能力、创新能力、为人处事能力等未来生活和工作相关能力的培养,更加关注学生"大爱""大健康""全生命周期"的人生观、世界观和价值观的培养。

2. 花样跳绳课程定位是面向学生未来的课程,课程思政效果具有可测量、可观察的特点

(1) 提高学生的运动生理学、运动保健学、运动解剖学、运动损伤与康复等运动学相关理论和实践知识,以学生公共体育课理论考试为测量指标。

(2) 促进学生参与体育活动参与,以学生的身体活动水平为测量指标。

(3) 健全学生的体魄,以学生的体质健康水平为测量指标。

(4) 提高学生的意志品质,以学生的品格、自我效能感、心理健康状况等为测量指标。

三、课程思政教学设计与实践

1. 花样跳绳开学第一课课程思政教学的设计

基于花样跳绳总的课程思政教学设计特征和定位,将开学第一课的教学目标设置为:

(1) 培养学生建立"全人""全生命周期""大健康"的体育意识;

(2) 提高学生对体育运动过程中正确动作模式的认识;

(3) 引导学生对自己的大学生活进行初步规划;

(4) 培养学生的遵守规章制度、明辨是非等良好品格。

基于花样跳绳总的课程思政设计思路,开学第一课的教学过程中课程思政内容的具体融入设计如下:

(1) 就立体性而言,通过生活和教学案例将课程思政元素融入其中,使教学内容更鲜活。如在开学第一课中,通过自身大学生活的讲述,引导学生系统规划自己的大学生活,思考自己的人生走向和未来生活;通过日常生活中错误动作模式造成损伤的举例,让学生明白体育运动中正确动作模式的重要性;通过学生个人自我介绍,培养学生的沟通交流能力。

(2) 就系统性而言,通过主线引导、辅线协同的方式将课程思政元素融入整个教学过程,课程各部分的思政元素既有联系,又有特

色。如开学第一课中,将引导学生开启正确的大学生活作为主线贯穿于整节课程的始末,但课程中各部分又有侧重,具体设计如下:第一部分,主要通过大学生本人活讲解引导学生思考自己的大学规划;第二部分,花样跳绳概述。通过花样跳绳视频欣赏和赛事的讲解引导学生大学生活要学会团体配合,积极参与各种课外活动,丰富大学生活,丰满大学简历;第三部分,学校体育课程及花样跳绳课程的介绍,引导学生根据自身的特点及未来的规划选择合适的课程;第四部分,课程常规和课程评价的介绍,引导学生作为成年人要在大学期间学会为自己的所作所为负责的责任意识;第五部分,学生个人进行自我介绍,引导学生在学校各种活动的面试中敢于表达,勇于表现,让自己的特点和优点更加突出,为未来的职业面试做准备。

(3) 就多元性而言,通过多元教学模式的设计,将提炼的课程思政元素融入其中。如开学第一课中注重教学内容的多元性,关注花样跳绳课程本身,更关注学生的日常生活及未来生活;教学手段的多元性,利用多媒体、网络和现场讲解的手段,提高课程的趣味性;利用视频和现场展示的方式,提高学生对花样跳绳的理解。

表1 花样跳绳课程思政设计

开学第一课	知识点	课程思政教学要点	所属思政维度	教学方法
第一部分	教师自身学习经历的介绍(本、硕、博的学习经历)	引导学生进行大学生活规划	人生观	讲授法 案例分析法
	教师自身的科研方向介绍(适应体育)	引导学生平等地对待残障人群,不歧视弱势人群,懂得包容、仁爱,建立"大爱"观,学会爱自己和爱身边的人	价值观 世界观	讲授法 案例分析法
	教师对学生的期望:不但要完成学习,而且要丰满自己的简历,更要学习为人处事的道理	引导学生丰富自己的大学生活;学会欣赏自己和他人的优点;学会原谅自己和他人的不足	人生观 价值观	讲授法 案例分析法

续表

开学第一课	知识点	课程思政教学要点	所属思政维度	教学方法
第二部分	花样跳绳视频欣赏	引导学生懂得团队和责任意识的重要性	人生观 价值观	多媒体展示 讲授法 案例分析法
	花样跳绳赛事的讲解	引导学生运动中和生活中都要坚持不懈,正确看待挫折和失败	人生观	多媒体展示 讲授法 案例分析法
第三部分	上海理工大学体育课程设置(专项班、竞赛班、保健班、重修班)	引导学生了解自己能力和特点;培养学生独立自主的学习和处事能力	人生观 价值观	讲授法 案例分析法
	花样跳绳课程的特点(协调性、创新能力)	引导学生重视基本能力的培养及创新思维的培养	人生观	讲授法 案例分析法
第四部分	课程常规	培养学生的责任主体意识、规则意识,引导学生了解善恶是非	人生观 世界观	讲授法 案例分析法
	课程评价(过程性评价结合结果性评价)	引导学生进行长期规律的体育锻炼,培养学生终身体育意识和团队意识	人生观	讲授法 案例分析法
第五部分	学生自我介绍及总结	引导学生欣赏他人的优点和优势,尝试大胆自信地表现自我;鼓励志趣相投的同学建立友谊关系	人生观 世界观	讲授法 案例分析法

2. 花样跳绳开学第一课课程思政教学实践

（1）学情分析。大一新生的身心特点分析：

身体特点：长期备战高考，缺乏体育运动，身体素质较差，运动能力水平较弱，长期的伏案学习和暑假期间放松玩电子产品导致身体形态较差。因此，加强学生身体素质训练和形态矫正，提高学生的体质健康水平，促进学生体育运动参与，引导学生坚持规律的体育锻炼，建立健康的生活方式，培养学生的大健康观是花样跳绳课程的重要目标之一。

心理特点：刚进入大学，对大学生活既充满着幻想又夹杂着迷茫；既有理想抱负又无意识地放松自我。因此，引导学生建立正确的大学生活观，使学生快速适应大学生活，培养学生面向未来学习、生活和工作的能力，帮助学生建立正确的世界观、人生观和价值观是花样跳绳课程的重要目标之一。

（2）教学目标：

知识目标：了解体育运动参与的益处及久坐行为的危害；掌握简单运动损伤的处理方法；理解正确动作模式是取得体育运动效果的基础；明确花样跳绳的动作特征、分类及创编原则。

能力目标：培养学生团队协作、合作共赢的能力；培养学生正确认识自己和他人的优势及不足的能力；培养学生大胆自信、敢于展现自我的能力。

价值目标：引导学生建立"宽容""仁爱""平等对待他人"的"大爱"观；引导学生用"全生命周期"的观念去规划自己的大学学习和生活；引导学生建立责任主体意识，正确看待生活中的成功与挫折。

（3）教学手段与方法：主要采用多媒体展示、现场讲解、师生互动的方式，以便让课堂氛围更加趣味化、生动化。

（4）课程思政元素分析：规划大学生活的能力；平等地对待残障人群，不歧视弱势群体的价值观念；包容、仁爱的"大爱"观，爱自己和爱身边人的世界观；欣赏自己和他人的优点，学会原谅自己和他人不足的人生观;团队和责任意识,坚持不懈、正确看待挫折和失败的能力;正确认识自己的能力以及独立自主的学习和处事能力;创新思维、责任主体意识、规则意识以及辨别善恶是非的能力;终身体育意识和团队意识;欣赏他人的优点和优势,大胆自信展现自我,建立良好友谊关系的能力。

(5) 教学部分:

教学内容:教师自我介绍;花样跳绳视频欣赏,相关赛事讲解;上海理工大学体育课程类型及花样跳绳课程特点介绍;课堂常规及课程评价介绍;学生自我介绍及总结。

教学重点:学生对教学内容内涵及融入教学中的思政元素的理解。

教学难点:学生对思政元素的理解及接受程度。

(6) 教学过程:

第一部分主要是教师自己进行大学生涯介绍,通过对本科、硕士和博士技能学习和科研工作中遇到的挫折及成功经验的介绍,引导学生思考自己的大学规划,积极参与各种课外活动,丰富大学生活,丰满大学简历;要有仁爱之心,包容他人的不足,宽容地看待自己和他人,要懂得爱自己和他人。

第二部分通过花样跳绳视频欣赏和赛事的讲解,告知学生花样跳绳过程中团队配合、持之以恒的训练是赢得比赛的前提和基础,引导学生在大学期间重视团队精神和人际沟通能力的培养,在学习和做事中要坚持不懈,不断进步。

第三部分通过对上海理工大学体育课程及花样跳绳课程特点的介绍,引导学生清晰地认识自己的优势及不足,根据自己的特点选择适合自己的课程。花样跳绳课程对身体素质的要求较高,尤其对身体的协调、耐力要求更高,因此课中和课下要求学生自主训练,重视规律的身体锻炼及身体锻炼前的准备活动和结束后的拉伸。

第四部分课堂常规和课程评价的介绍,让学生了解教学过程中哪些可以做,哪些不能做,课程的评分规则是怎样的,哪些行为属于违规、作弊,以及违规作弊的后果,培养学生的责任主体意识以及明辨是非的能力。

第五部分学生个人进行自我介绍,通过学生姓名、家乡、喜好的介绍,引导学生与他人交朋友,同时鼓励学生敢于表达,勇于表现。

四、课程思政成效

教学设计和教学实施取得了一系列成效,学生的身体素质明显提升,品格和能力也得到了培养,主要成效通过学生的课程总结获得。

通过对期末学生写的学习总结与评价进行梳理、归纳,发现学生自我感觉动作技术水平得到提升,甚至学以致用,有的还教自己家长如何锻炼;体质和体能有较大提高;开始不再排斥运动,甚至喜欢上体育运动,养成了锻炼习惯;意志品质得以提升,放松身心,睡眠质量提升;沟通交流能力得以提升,团体意识得以加强。

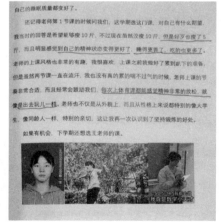

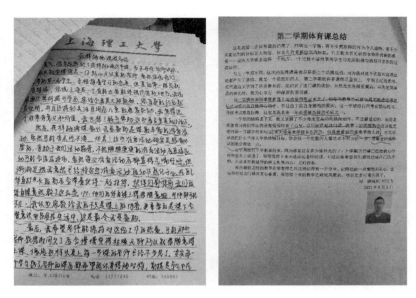

图 1　学生课程总结分享

五、课程思政教学反思

通过教学过程及教学策略、手段等的应用，教学基本取得预期成效，未来需进一步挖掘花样跳绳课程的思政元素，寻求更加客观的指标测量教学成效。

排舞课程思政设计探索
——以《没有共产党就没有新中国》排舞为例

丁 悦

一、课程简介

排舞是一项由音乐与固定舞步融合在一起、一人或多人通过风格各异的舞步循环来愉悦身心的国际性体育运动；也是一项具有国际性、统一性、健身性、观赏性和大众性的体育活动。排舞按照音乐和舞蹈的风格可分为八大类，内容丰富多彩。通过学习排舞可以使学生接受艺术的熏陶，提高学生的身体平衡能力、柔韧性、力量、灵敏性、反应速度等，提升学生气质，提高学生人际交往能力，增强学生自信心。

二、课程思政教学设计思路

《没有共产党就没有新中国》是一首经典红色歌曲，2021年为迎接与庆祝中国共产党建党100周年，传承红色文化，弘扬红色精神，将该红色歌曲与排舞结合，为讴歌中国共产党、讴歌社会主义、讴歌新时代营造浓厚氛围。

本舞蹈属于当代风格中的初级舞蹈，全套由前奏16拍、10组动作82拍、间奏8拍组合而成。通过本课程的学习，40%的学生可以在音乐的伴奏下完成配乐成套，与课学生都能感受歌词中的红色精神。

为实现思政教学的育人目标，通过编排红色经典曲目《没有共产党就没有新中国》，引导学生首先通过旋律入耳，领悟红色历史与红色精神；通过节奏带动身体，在音乐的伴随下将身体韵动与红色歌曲的节奏契合，从而牢固学生的红色信念，内化红色精神。

二、课程思政教学设计与实践

在教学过程中，分解成套中10个组合的步法，首先要求学生跟随老师的口令完成舞步的分解动作，再加强练习后，可以独立完成与音乐的配合。在练习的过程中要求学生将舞步熟悉串连，手脚动作配合协调，尤其是第7组动作拧碾步，脚部动作（1）左脚跟前点地外拧，右脚前脚掌着地；（2）左脚跟内碾，右脚全脚掌着地；（3）左脚后踏，右脚跟内碾；（4）右脚跟外拧，左脚前脚掌着地；（5）左脚跟前点地外拧，右脚前脚掌着地；（6）左脚跟内碾，右脚全脚掌着地；（7）左脚后踏，右脚跟内踱；（8）右脚跟外拧，左脚前脚掌着地。配上手部动作1、3、5、7左臂前屈臂前平举，右臂直臂侧平举；2、4、6、8右臂前屈前平举，左臂直臂侧平举，双手握拳。当屈臂时，要求手肘抬至与肩平。动作韵律性较强，与节奏搭配和谐一致，将中华儿女奋勇当先、抗战到底的精气神通过肢体舞步展现出来。将身体调动至与节奏一致，既是对学生身体协调性的考验过程，也是使学生在学习中把握红色旋律的过程。

在开头与结束时手部动作也有一个承上启下的呼应，在前奏中，右手手臂由下至侧直臂上升，最后收至拳在右肩上方，传递出我们需要付出努力，传递出一种将责任扛在肩上的精神意味。最后一组动作的5-8拍重复前奏的手部动作，但轨迹却完全相反，手臂由上至侧打开，与歌词和韵律相结合，寓意在中国共产党的领导下，我们更加坚定、更加自信地阔步向前。

最后以宣誓的手部动作结束整套动作。在这样的成套中要求同学们的步法与手臂整齐划一，会以小组为单位一纵列面对镜子，一拍一动地练习，看看是否能达到小组十人如一人的整齐，这需要小组学生间默契的配合与及时沟通交流的能力。在完成练习后要求学生以小组形式做出展示，展示结束后相互给予掌声的鼓励。这种集体性的舞蹈操练，一方面体现了中国共产党与人民群众的血肉联系，也体现了中国共产党领导下的人民群众的集体性智慧。

四、课程思政成效

排舞课程引导了学生在学习与练习的过程中提升爱国爱党情怀,坚定了社会主义理想信念,与此同时也提高了学生的团队协作能力、组织协调能力和交流解决问题的能力。

排舞课程的教学成果展示汇演充分体现了课程的教学质量,使得运动会观众成为检验教学质量的"标准"。通过汇演这一形式,也提升了学生的参与度和内心认同感,引导学生身体力行,将所学所思、所感、所悟通过表演展示出来,真正做到了学以致用。

五、课程思政教学反思

如何将体育课程与思政教育结合起来是高校公共体育课老师需要回答的时代命题,这一命题又恰是"体魄锤炼"和"思政引领"如何结合的最佳实验点。在进行排舞授课时,恰逢中国共产党建党一百周年的契机,将红色韵律和红色曲目与大学生喜闻乐见的群体舞蹈项目结合起来,进而体验、展现和升华红色信念和红色精神成为此次排舞课程的难点和重点。更重要的是,通过运动会节目汇演的舞台,把思政教学具象化,将师生红色精神的传承、学生身体韵律的学习、学生团体的表演展示高度融合在一起,成为这次排舞学习的亮点与特点。

健美课程思政设计探索

钱立宏

健美是一项通过徒手和各种器械,运用专门的动作方式和方法进行锻炼,以发达肌肉、增长体力、改善形体和陶冶情操为目的的运动项目。除了具有一般体育活动所共有的锻炼身体、增进健康、增强体质的作用外,健美还特别能发达全身各部位的肌肉,增长体力,改善体形体态以及陶冶美好的情操。在发展肌肉、力量的同时,也加强了耐力、灵敏性和协调性,全面发展身体素质,有助于培养学生优良的思想作风和道德品质,以及顽强的意志品质和终身体育意识。它不仅强调"健",而且强调"美",把体育和美育融为一体。通过练习不仅可以提高身心健康水平,也是培养人文素养、树立正确世界观的有效手段。少年强则国强,进行健美运动的练习也是培养学生爱国主义情怀、践行社会主义核心价值观的一个很好的途径。

一、课程教学要求

(1) 增长学生力量,发达肌肉,改善体形体态。增进健康,增强体质,提高独立健身的能力,培养终身体育意识。

(2) 在发展肌肉、力量的同时,要加强耐力、灵敏性、协调性训练,全面发展身体素质。

(3) 培养学生优良的思想作风和道德品质以及顽强的意志品质。结合美育教育,树立正确的审美观,提高表演能力。

二、课程教学目标

以健美进行的身体练习为主要手段,通过合理的体育教育和科学的体育锻炼过程,达到增长知识、增强体质、增进健康的目的,养成锻炼习惯,培养学生的创新思维、团队合作及追求卓越的品质。

（1）运动技能目标:掌握健美运动的基本知识、技术、技能,培养兴趣,养成自觉锻炼的习惯,为终身体育打下良好的基础。

（2）生理健康目标:增强心肺功能,提高速度、耐力、力量等身体素质指标,改善生理健康指标。

（3）心理健康目标:在运动中得到愉快的情绪体验,使人的个性、潜力和创造力得到充分展示,改善心理状况,克服心理障碍。

（4）社会适应目标:以健美运动中丰富的练习形式,培养学生勇敢、顽强、拼搏的进取精神,互帮互学,正确处理团结与合作的关系。

（5）思政教育目标:培养学生的健美运动兴趣,提升学生的人文素养,培育学生的民族精神,发展国家情怀,践行文化自觉和文化自信。

三、案例教学展示

讲述知识点,健身锻炼贵在持之以恒,养成良好的健身习惯,使之成为生活的组成部分。因为健身锻炼是对机体给予刺激的过程,连续不断的刺激作用会产生痕迹积累,而正是这种积累才能使机体的结构和机能产生新的适应,体质才会不断增强。

案例1:以钟南山院士的健身行为为案例,大家在敬佩他84岁高龄依然坚持在防疫第一线的同时,更惊叹于他17年来神采依旧,甚至精力与体格不输于年轻人。在过去的几十年,钟院士每周至少锻炼三次,每次不少于一小时。他在接受采访时说:"锻炼就像吃饭一样,是生活的一部分。"正是有着这样的运动理念,并在日常生活中做到身体力行、坚持不懈,使他能够始终保持着良好的精神状态,充满活力地奋战在抗疫一线。

图1　钟南山院士健身照

案例2：据报道，我国台湾98岁"老顽童"林友茂是2018年全球华人羽毛球锦标赛上年龄最大的选手，已参加过24届全球华人羽毛球锦标赛。林友茂曾是一位太极教练。50岁的时候，因偶然机会接触到羽毛球，这一打便不可收拾。1993年，第一届全球华人羽毛球锦标赛在厦门举行。当时已经72岁的林友茂，作为第一批"华人杯"参赛选手，征战厦门。虽然已经72岁，但是林友茂还是在首届"华人杯"上收获男双、混双两枚金牌。全球华人羽毛球锦标赛由海峡两岸羽毛球爱好者倡导发起，以"以球会友，切磋球技，强身健体，团结华人"为宗旨，分为单项锦标赛、团体锦标赛和青少年锦标赛。自1993年组织赛事以来，截至2018年，"华人杯"单项锦标赛已连续成功举办25届。

图2　台湾"老顽童"林友茂

通过科学锻炼原则和方法的讲解,以钟南山、林友茂热衷锻炼为榜样,以及教师的身体力行,使学生明确参与有效的体育活动贵在持之以恒,激励学生积极进行居家体育锻炼,增强体质,提高免疫力,关爱生命,与抗疫同行,自然实现体育课的思政育人效果。

四、案例教学设计

1. 教学手段与方法

从学生全面发展的角度,以"马克思主义认识论"为理论指导,采用线上线下混合式教学方法,让学生进行探究式合作学习,使学生学会锻炼,养成自主锻炼的习惯,为身心的全面发展打下基础。

2. 课程思政元素分析

通过了解比赛规程,让学生知道竞赛规则的制定和裁判的执法原则是在确保安全的基础上,让比赛更为流畅,引导学生遵纪守规,公平竞争。通过欣赏体育运动会竞赛,例如观看女排顽强拼搏为国争光,在赛场上升国旗、奏国歌的动人场面,引导学生团结协作、永不放弃、超越自我的意志品质,激发学生的爱国热情,增强其民族自豪感。

3. 教学内容分析

(1) 教学内容:体育与健康基础理论知识;健美专项理论知识;健美专项技术与战术;身体素质。

其中健美专项理论知识包括:健美运动的概述(性质、特点和作用);健美的技术特点和基本要领;健美的锻炼方法和注意事项;健美运动的鉴赏及比赛规则简介。

(2) 教学重点:科学锻炼身体的方法;裁判法及规则。

(3) 教学难点:锻炼科学监控;技战术运用能力。

五、教学效果分析与反思

1. 健美课程整体设计思路需要兼顾知识普及、技能形成、文化传承及品德培育多个角度

作为现代体育项目,健美课程改革需要避免重练习、轻理论,而

应当在技能教学和发展的过程中融入知识传递内容;应当在技术教学、技能训练、技能考核的过程中融入相关的科普知识。使学生明白是什么、为什么、怎么做的道理。同时,健美课程需要充分挖掘其蕴含的中华优秀文化元素,培育学生良好的品德,树立正确的世界观和方法论,以实际行动践行文化自觉、文化自信和社会主义核心价值观。

2. 教学模块应当全面和系统

健美课程的教学模块应当具有全面性和系统性。全面性是指健美课程既要兼顾体育运动项目的特点和教学规律,同时又要学习和参照现代体育科学的运动训练方法和手段;既要实现学生健美项目的技能发展,又要将思政教育理念贯穿其中,实现优秀健美文化对学生的熏陶;既要注重技能发展和身体素质提高,又要兼顾心理健康教育,提高社会适应能力和道德水平。系统性是指知识、技能、素质、思政等多个教学模块内部应当具有贯通性,能够形成完整的课程体系,形成合力,达到培育和发展文化自信,培养学生团结协作能力,增强人文素养,培育爱国情怀,推动体育课程改革创新,形成特色的民族传统体育育人方式的课程目标。

3. 知识要点要科学和精准

健美作为一门运动项目,除了具有一般体育活动所共有的能锻炼身体、增进健康、增强体质的作用外,还特别能发达全身各部位的肌肉,增长体力,改善体形体态,以及陶冶美好的情操。通过练习不仅可以提高身心健康水平,也是培养人文素养、树立正确世界观的有效手段。另外,在健美运动技术的教学过程中,也要吸取现代体育的训练手段,在增进学生身体素质和健康水平方面提高效率。

4. 育人要素要多样

健美课程育人要充分挖掘多种元素,做到育人元素的多样性。它不仅强调"健",而且强调"美",把体育和美育融为一体。培养学生的健美运动兴趣,提升学生的人文素养,培育学生的民族精神,发展国家情怀,践行文化自觉和文化自信。

5. 教学方法要恰当且灵活

健美是一项通过徒手和各种器械,运用专门的动作方式和方法进行锻炼,以发达肌肉、增长体力、改善形体和陶冶情操为目的的运动项目。应当发挥课程特色优势,以线上线下相结合的方式,运用多种教学方法。例如在线上可以就健美运动等视频资料进行赏析,了解健美运动的历史发展和脉络以及背后蕴含的文化特征。而在线下则可以发挥传统的讲授法、示范法、纠错法、集体练习法、训练法等传统教学方法的优势,依据教学内容合理选用恰当、灵活的教学方法。可采用各种各样轻重不同的运动器械来进行练习,如杠铃、哑铃、壶铃等举重器械,单杠、双杠等体操器械,以及弹簧拉力器、滑轮拉力器、橡筋带和各种特制的综合力量练习器。

健身瑜伽课程思政设计探索

段雪梅

一、健身瑜伽的项目特点

健身瑜伽是以促进身心健康为目的,通过自身的体位训练、气息调控和心理调节等手段,改善体质,增强身体活力,延缓机体衰老,是体育养生的重要组成部分。瑜伽作为强调自然和谐、突出身体协调的运动,已被广泛运用在运动健身、减肥塑形、心理治疗、亚健康干预等诸多领域,并且功效已得到相关的实验和研究的印证。

二、健身瑜伽的思政要素

表1 创新课程的体式和成套设计中的思政元素

教学模块	教学内容		思政教育重点
理论教学	瑜伽起源发展、特点功能		文化熏陶、激发积极性、主体性
	健康生活习惯、饮食		培养健康的生活习惯、观念
实践教学	基础部分	礼仪	礼仪教育:感恩、接纳、包容
		基本站姿、坐姿	美育
		呼吸法	静息净心、提高注意力
	体式	拜月十二式	敬业:终懊学习、积极向上生活
		前屈系列	诚信:接纳、谦卑,控制和规范生活
		后弯系列	勇敢:挑战自我、不畏困难
		平衡系列	专注:缓解焦虑压力,增强精神力量
		扭转系列	认知:认识、感受、超越自我
		力量系列	拼搏:敢拼敢斗
		情感系列——双人瑜伽	团结协作:责任感、互帮互助
教学编排	集体体式编排		创新共赢:创造力、团队合作、合作共赢

在传统瑜伽教学过程中,积极融入"课程思政"元素,进而创新教学模式。瑜伽课程本身的育人功能和课程思政的教育目的自然地结合,充分做到瑜伽知识技能的传授、身体和心理素质的培养以及人生观、价值观的结合,为我校复合型人才的培养奠定基础。

三、案例教学设计

课堂上以小组形式组织练习,培养大家的集体主义和团队协作精神。在小组练习时,采用能力强带能力弱的组合,在练习时大家互相学习,彼此鼓励,互相纠正错误体式。这个模式可以有效地帮助个别学生纠正散漫、学习不积极的态度。在团队的练习中,大家能表现出积极、专注、有凝聚力的精神面貌。每一次小组精彩的展示,都需要小组成员间紧密的配合。体育运动离不开体育精神,体育精神的展现促进体育能力的提高,两者相互促进协调发展。

鼓励学生由课上延伸至课后,利用业余时间走进社团,让课堂内容得以延伸和拓展,让学生在社团的活动中更好地了解瑜伽的真正内涵和意义。从而在课上与课下的渗透下,潜移默化地培养终身体育的理念。让瑜伽练习融入学生的日常生活,使得学生在强身健体的同时,更加坚定自己的理想和信念。总之,健康生活理念的培养将会使学生受益终生。

四、教学反馈

1. 发挥瑜伽的优势,在教学目标中融入思政建设

通过瑜伽课程的教学,让学生能够达到修身养性,实现身体素质、心理素质以及思想道德素质发展的目的。首先是让学生学会静心、静息,认识自我,平静下来,能够在这个快节奏的时代抚平浮躁,平心静气。而在瑜伽"大我"和"小我"的哲学中,最终目的是放下"小我"的利益和贪婪,追求大爱以及热爱他人和自然,这有利于大学生树立正确的人生观、世界观、价值观。

2. 选择适切的教学内容，体现思政元素

不同的教学内容具有不同的作用，在融入贯彻思政教学时要注重对于教学内容的选择。关注学生的个体差异，注意信息反馈，利用反馈的信息对学生进行及时鼓励和表扬，使学生学习的信心增强，看到自己的技术动作越来越标准，体能越来越强，让学生从而充满自信。同时也要关注负反馈，对于课堂或者课后出现的问题，及时地给予指正，在潜移默化中贯彻思政教育和终身体育思想。

3. 结合信息技术，选择适合学生思政教育的教学手段

随着信息技术和经济水平的发展，在教学的时候需要对学生进行基本的学情分析，了解学生对于瑜伽课程的需求以及学生的运动基础，从学生最需要的点着手，结合先进的现代教育技术手段和网络技术，选择最适合学生的教学方法和教学手段。在教学时要充分激发学生的学习兴趣，充分发挥学生的主动性和积极性，调动学生的主体意识，使其积极参与。

4. 提高教师自身的业务能力，熟练课程思政建设的要求

在课程思政授课中，教师无疑是其中最重要的因素，教师的业务能力高低和综合素养水平直接决定最终的教学质量。体育教师应积极学习广泛的知识，开阔视野，提升自我，这样才能让学生信服，真正做到言传身教。

身体活动与健康促进课程思政设计探索

马 成

习近平总书记指出:"高校要用好课堂教学这个主渠道,将课程与思想政治同向同行,形成协同效应。"习近平总书记从时代要求与教书育人的战略角度,对课程提出了更高的要求,课堂教学不仅要传授专业知识,更要实现对学生人生观、世界观、价值观的构建。运动被誉为"多效药",是最低成本的健康干预手段,可以有效地提高免疫、放松身心、预防慢性非传染性疾病。但运动也是"双刃剑",不科学的运动会给人的健康带来伤害。在"健康中国"的背景下,本课程引导学生学会科学运动,充分认识运动的健康益处,并学会在运动中保护自己,最终树立尊重生命的健康观念,以实现健康教育与思政教育在实际育人过程中的有机融合,协同发挥育人作用。

一、教学目标

1. 课程教学目标

通过本课程的学习,使学生对健康促进这一领域有较全面的认识,要求学生掌握身体活动促进健康的基本原理、特点及运动风险的防范方式,并了解这一领域的新方向与新动向;开阔学生的知识面,从认知上引领学生重视体育运动,为今后应用体育科学促进身心健康打好基础。

2. 思政育人目标

以"身体活动与健康促进"的课堂教学为抓手,深挖课程中蕴含的思政元素,并将其巧妙地融入教学过程,使其形象化、具体化、生动化。在教学过程中,悄无声息地对学生的思想价值观念形成正确引导,改善大学生的身心健康,并提高其良好的社会适应能力。

二、教学设计与实践

1. 以学生为中心,多形式地呈现教学素材

课程内容的传递注重将学生的兴趣作为切入点,结合学生实际思想问题,将抽象的健康知识、思想理论等转化成学生的情感共鸣。例如通过热点话题的引入,在问答中鼓励学生思考科学运动对个人身心健康乃至国家繁荣的价值。

2. 以互动为主线,构建双向互动的教学机制

在课堂上高度重视学生的参与度,鼓励学生多发言,强调双向互动。在课后充分利用信息技术,例如使用社交软件,推进健康教育、思政教育与学生生活的有机融合,鼓励学生在微信群表达对本课程的期待,关注学生的学习体验与学习效果。

3. 以成果为导向,探究有效教学策略

在教学的具体实施过程中,针对教学内容的知识点,以互动讨论式的教学模式为主体,以案例分析、课堂讨论、随堂练习、课后作业等为核心教学策略。最终以培养学生应用体育科学的能力,安全、有效地开展运动计划为教学目标。

三、课程思政成效评价

坚持以学生为中心开展有效教学,在课堂中鼓励学生发现问题,通过案例分析、小组讨论等形式引导学生提出解决方案,这一教学过程极大提升了学生学习的积极性和主动性。同时在认知上提升了学生的健康素养,在行动上改善了静坐式的生活方式,在思想上促进了积极情绪。

四、课程思政教学反思

要让"身体活动与健康促进"成为学生关心的一门课,上课内容就要与学生生活密切关联,使生活成为教育素材。理论联系实际不仅是体育教育的最大特点,更是思政的教育特点。因此,在备课与教

学过程中,应适当引入一些社会热点话题,激发学生的学习兴趣,并将思政教育与生活事件相结合。教师应注意把握时机,抓住教育的切入点,针对学生的思想和具体表现找准时机,随后结合教学内容,有目的地渗透,从而使思政教育潜移默化无处不在。

运动损伤与急救课程思政设计探索

林 娟

一、课程简介

"运动损伤与急救"章节是专门针对运动伤害事故进行预防、评估和急救处理的实践性较强的课程。目的为使学生掌握运动伤害防护与急救的基本理论、知识和技术；掌握运动损伤的发生发展规律和预防措施、应对技术；培养学生实际应用运动损伤知识和急救技术的能力，起到保护自己和他人的作用，进一步提高学生在自主锻炼和生活中分析问题、解决问题的能力。

在疫情期间，体育部同事们第一时间收集素材并建立了"体育与健康"以及其他专项的网络课程，其中有"运动损伤与急救"章节，指导学生居家学习运动健康知识以及如何进行科学体育锻炼，帮助学生学习科学锻炼知识、保持体能、提高体能，养成安全责任意识。

二、课程思政教学设计思路

上海理工大学培育学生主要围绕"工程型、创新性、国际化"的人才培养定位，致力于培养学生有思想的头脑、国际化的眼光，持续贯彻"对接行业、改造专业、引导就业"的理念。本课程旨在使学生了解和掌握各种急慢性运动损伤的症状、预防方法和非手术治疗手段。体育教学的目的是什么？首先，是促进学生健康。健康，被摆在了教育最重要的位置上，一切从学生的健康出发，为国家和社会培养健全人格和体格的未来栋梁。其次，进入全面深化课改阶段以后，课程改革的核心是落实好立德树人根本任务，培养学生的素养与品性这个更加高远的教育目标。针对有几起学生戴口罩跑步而发生意外的事件发生,这要求我们对学生的体育运动安全问题保持高度警惕。因此,在具体体育教学实施中,体育教学除了学生体质健康内容这一核心内容外,还须将体育与学生的生命安全教育融到一起,让学生感知这类教育的价值和意义。

三、课程思政教学设计与实践

1. "急救与损伤处理"内容学习

体育课堂是安全教育的重要场所,也是安全事故的易发场所,更是对学生进行安全教育的最佳课堂。课程思政教学应采用多维度教学方法贯穿全过程。课程实施前,教师做好顶层设计,尽可能使课程思政内容与专业知识有机融合、自然过渡,使学生在学习、讨论、操作专业知识的同时,潜移默化地接受思政教育。根据每一章节的知识点,采用不同的教学方法,充分地将思政元素融入课堂。

在"运动损伤与急救"章节帮助学生培养注意防范意外运动伤害事故的意识,以及在伤害事故中如何应急处理等能力。反过来,通过安全急救等理论知识的学习,达到掌握危险防范应急救治的目的;又可以借助理论知识解决日常锻炼中遇到的问题,达到巩固和应用科学运动与安全知识的目的,也帮助学生全面成长,促进学生能够学以致用,利于提高体育学科素养。

2. 结合案例,课堂讨论

在课堂中,准备了一些相关的案例和问题。例如,在讲到"运动损伤的处理"章节时,结合我国著名骨伤科专家郑怀贤的生平经历,特别是其在中华人民共和国成立后潜心从事运动医学的临床和教学工作,让学生认识我国传统手法和中药方剂在运动医学中大有作为,从而增强学生的民族自豪感和文化自信。

同时也准备了一些与安全相关的案例。比如"某某学校的同学在长跑中猝死",用案例引导学生思考,讨论:不当运动可能会造成哪些伤害,运动损伤发生的可能原因是什么,有哪些预防措施。假如伤害发生后,可以做哪些急救措施。在复学后,我们参与运动应注意什么,该如何珍惜我们的生命。同时引导学生思考在社会安全问题上,需要具备什么样的意识等。

安全教育过程中,学生对知识的学习和运用,不仅仅是掌握安全知识和防范技能,更是对珍惜生命、敬畏生命、热爱生命意识的提升。从更大层面来说,也有利于树立国家安全责任意识,健康成长为社会主义事业优秀接班人,实现更高层次的人生价值。

四、课程思政实施效果

通过课堂内容学习和案例讨论,引发同学们对课堂运动安全问题的深入理解和思考。同学们参与热情较高,大家在观点的分享与交流中更深入地理解应该如何科学运动、防范危险并提高自己的事故应急处理能力,感知对自己和他人的安全责任意识。

新冠肺炎疫情让我们明白:健康永远是第一位的。我们将继续努力呵护同学们的身心健康和生命安全。相信,同学们一定也会本着安全第一的原则在健身健心的路上继续前行!

五、课程思政教学反思

通过"运动损伤与急救"教学,如何使广大学生在课堂内外充分发挥自身潜能,积极帮助他人,发扬团结协作精神,这是个值得深度思考的课题。运动损伤与急救课程思政的难点在于如何对教学内容进行二次开发,有效挖掘思政元素,找准切入点,合理融合。今后的教学中,仍需深挖体育思政元素,落实到教学内容设计、教学环节安排、教学资源建设和交流研讨等各方面,并将其贯穿于课堂授课、教学研讨等各环节。

软式曲棍球竞赛课程思政设计探索

朱晓菱

一、课程简介

本课程以"竞赛代课、训练代课、提升技能、终身受益"为指导思想,以学生掌握软式曲棍球运动技战术为导向,将竞赛、训练融入课堂,激发学生参与热情,营造自主学习、合作创新的教学氛围,使学生在比赛、训练、研讨中学会交流与合作,在实践中将技战术内化为能力,促进学生全面发展。

二、课程思政教学设计思路

1. 课程思政特征分析

(1) 软式曲棍球是集体性运动项目,通过跑动、传接配合、射门等技术,执行有效的团队协作战术策略,减少失误,取得胜利,有利于增强学生体质,提高学生沟通能力和团队合作能力,让学生懂得责任担当,学会爱岗敬业,养成大局观。

(2) 软式曲棍球是同场对抗项目,要遵守规则,要求学生控制球杆的安全运动。该运动有利于培养大学生的规则意识,养成遵守法律及社会公德的习惯;培养学生安全意识,尊重生命;培养竞争意识和拼搏进取的精神,正确看待胜负。

(3) 软式曲棍球是开放性运动,随着对手的不同、位置的变化、战术的变换等,不断变化相应的战术策略,有利于培养大学生的思维能力、随机应变能力和创新能力。

2. 教学方法融入思政

(1) 将社团训练、校内竞赛与课堂融合,提升学生学习兴趣和思维应变能力,培养主动学习的能力、良好的意志品质和家国情怀。

（2）通过观摩经典比赛,让学生建立完整、正确的整体攻防战术观,建立集体意识。

（3）通过经常比赛将学生技术转化为能力,让学生明白个人技术特点如何和团队战术融合,实现超越。

（4）通过赛前战术布置和赛后反馈讨论,提高学生学习的主动性和沟通交流能力,培养大局观。

（5）用朋辈榜样激励学生,坚持勤学苦练,锤炼意志品质。

3. 课程内容融入思政

表1 软式曲棍球竞赛课程思政设计

模块	教学内容	课程思政教学要点	教学方法
理论	① 软式曲棍球运动概述 ② 竞赛规则与裁判 ③ 体育健康与实践相关理论	体育强国使命 规则意识、团队合作 健康生活方式、生命伦理	讲授 线上自学 讨论
技术	① 软式曲棍球基本技术 ② 软式曲棍球进攻、防守、综合技术	吃苦耐劳的意志品质 规则意识、团队合作 精益求精的工匠精神	演示、讨论 实践训练 比赛
战术	① 进攻基本战术 ② 防守基本战术 ③ 综合战术	沟通表达、团结协作 责任担当、抗挫折能力 分析问题、解决问题的应变能力	演示、讨论 实践训练 比赛
身体素质 ① 基础身体素质 ② 专项身体素质		吃苦耐劳、持之以恒 坚韧不拔、顽强进取的意志 共同合作的意识和习惯 强身健体、健康生活	实践训练 指导

三、课程思政教学设计与实践

1. 整体介绍

软式曲棍球技战术教学内容主要是:1对1、2对1进攻,防守基本战术,2-1-2进攻防守阵型。通过对软式曲棍球技战术进行教学,使学生掌握基本锻炼与健康知识,掌握软式曲棍球运动基本技战术和基本规则并能在比赛中灵活应用,具备强身健体的使命感,能科学制定锻炼计划,养成软式曲棍球锻炼习惯,具有思辨能力、良好的沟通能力及应变能力,培养学生的团结协作、规则意识和大局观,拥有良好的意志品质。

通过采用线上与线下混合教学的方式,在线上进行理论知识和规则自学,基本技术要领的预习和观摩比赛,理解战术运用;线下技术练习、训练和比赛,拓展学习空间。在线下与社团融合,一周两次教学与训练,每次前一小时安排技术、战术练习,后面一个半小时和社团融合训练,分组比赛。以组为单位,通过观摩、实战,和老队员一起分享、探讨技术运用和战术配合。要求学生在比赛中认知、感悟、体验软式曲棍球的运动技战术特点,体会竞赛场上如何将个人技术和团队融合;如何灵活做到攻、防的平衡;如何控制球杆,在遵守竞赛规则的前提下有效抢断球,并带动校园软式曲棍球的竞赛氛围。通过多媒体观摩国际软式曲棍球经典比赛视频与教学比赛视频,直观感受团队配合、跑位的重要性,在教学比赛的过程中,通过实践提升竞技能力。

教学过程中思政设计包括:营造"传、帮、带"互帮互助的学、练研讨氛围,提高学生学习主动性,提升学生交流和沟通的能力。让学生在竞赛中提升技战术的应用能力,将体育精神内化为个人品德,起到潜移默化的课程思政育人目的。在探究中提高学生分析问题、解决问题的能力。

2. 第十五周教学设计

表2 教学设计

时间(分钟)	课程内容	组织及教学法
10	问题导向:战术是什么,如何应用	组织教法:观摩国际软式曲棍球经典比赛视频,教师提问并讲解比赛 要求:观察比赛中2-1-2阵型的攻防跑位,队员间的传接配合

续表

时间(分钟)	课 程 内 容	组织及教学法
15	通过本学期的训练和比赛谈谈自己的体会	组织教法:学生发言讨论 课后作业:每人写体会
15	教学比赛中战术的应用和比赛中的注意事项	组织教法:观摩经典教学视频片段,请老队员讲解比赛并分享比赛中战术的应用和比赛中的注意事项
15	教学比赛	组织教法:分组训练 要求:由队长布置战术并根据本队弱点进行针对性赛前训练
30		组织教法:教学比赛 要求:进一步体会如何有效地跑位,并根据对手情况,采取有效战术,创造进攻机会
5		赛后总结:由队长组织队员进行赛后反思

四、课程思政成效

在软式橄榄球竞赛课程中加入思政元素,使教师的教学目的更加明确,让教育变得更加具有针对性和感染性,以激发学生的爱国情怀,增强学生的学习兴趣,提升课堂效果,增进学生的价值认同,让学

图1 软式橄榄球课堂照片

生把体育知识学以致用。参加软式橄榄球竞赛,可以身体力行地感受竞技体育的魅力。学生通过软式橄榄球竞赛思政课程的学习,明白了一个队伍最重要的是凝聚力,其次才是能力和技能水平;一个人强不是真强,一个队伍强才是真正的天花板,就像木桶原理一样,有一个短板也不行。并且,在灌输软式曲棍球相关知识的同时,让学生学会自主学习。

五、课程思政教学反思

软式曲棍球教学通过与社团训练融合、与校内竞赛融合,采用线上、线下混合教学方式,较大地拓展了课程时空,把教学重点转到学生的学习上,极大提升了学生学习的积极性和主动性。在实战中,学生对于技战术的运用能力得以较大提高,团结协作、互帮互助、奋力拼搏的精神得到提升,并培养了正确的胜负观。

战术是比赛中为了战胜对手,根据主客观的实际情况所采取的个人和集体配合的手段的综合表现。对个人的技术、身体素质、攻防意识、团队的配合、执行力和战术策略都有较高要求。通过实战,学生都能客观了解自身短板,能主动地加强技术和体能练习,让重复机械的练习变得更有意义,也锤炼了意志。

英式触式橄榄球课程思政设计探索
——以"多人边路战术配合"为例

潘 捷

一、课程简介

橄榄球被称作最强者的运动,最初在英国上流社会流行,一直以来是贵族、绅士的运动,有利于培养博大的胸怀、顽强的毅力和坚忍不拔等品质,也能在艰苦的条件下奋斗与磨炼,培养伟大的绅士精神。它集力量、速度、技巧、智慧和团结精神于一身,运动员用勇猛彪悍的身躯、一往无前的精神冲击对手阵地,以得分多少决定比赛胜负。英式橄榄球作为一种简单的游戏能够在全球兴起,除了其外在的娱乐性和健身价值,其独特的内在精神价值才是橄榄球爱好者得到的最宝贵的财富。触式橄榄球比赛简单易学,比赛过程刺激而不粗鲁。触式橄榄球比赛中充满了快速的奔跑,不管有没有持球,每个人都在进行着有氧慢跑,一旦进行战术配合或持球突破就是运动员挑战自身极限的最大速度的无氧跑动。

二、课程思政教学目标

1. 英式触式橄榄球课程思政特征分析

(1) 正直。比赛中运动员为了争取球的占有权,必须给对手强烈的身体对抗和压力,但又不可以恶意地伤害对方,这需要极强的修养和控制力。由于英式橄榄球的对抗激烈性和比赛中的有利规则,使得每个摔倒的运动员必须赶紧站起来投入比赛,因为在橄榄球场上只有双脚站立的球员才有资格去碰球。如果你倒地不起,你们的防手和进攻就少了一人,这就是为什么在足球场上有的足球运动员想着如何演好假摔,而橄榄球场上每个人都想着如何不被摔倒和摔倒了赶紧站起来。

（2）热诚。每一个橄榄球人对这项运动都有着无与伦比的情感与归宿感。在绿茵场上，橄榄球人经历思想上的磨炼，共同感受思想认同和情感宣泄，他们积极参与，愿意成为其中的一员并为此感到自豪。在他们身上渐渐产生了一种素质、一种魅力。这种素质让他们虽然痛苦疲劳，却仍然乐观向上；经过千锤百炼，身体虽然留下了抹不掉的伤口，却比刺青更具有魅力，因为这是他在一次次的战斗中留下的荣耀勋章。所有这一切伴随着汗水、雨雪和泪水一起融入橄榄球人的血液。这份热诚很难言语，但却实实在在地存在，永不消退，历久弥新。

（3）团结。在看英式橄榄球比赛的时候，你会发现不管是进攻还是防守，队员都保持一定的队形，在一条线上的防守与进攻都要有统一的战术意识和行动，单个的前凸和后落会导致防守的漏洞和战机的贻误。持球人倒地，队友会第一时间赶到进行保护，不管是斯克兰、争边球还是冒尔，任何围绕球的争夺都需要与队友齐心协力。在比赛中即使你身体素质再好，技术水平再高，如果孤军作战，你也不会有所作为，只有把个人和集体的意志和能力凝结在一起，才能使整个球队系统最优化。球场上每一个位置都有自身的特殊职能，守好自己的位置，为队友创造机会的人才是橄榄球场上的球星。所以和篮球不同，在橄榄球比赛的关键时候，永远不会出现将球传给一个能力突出的个体去突破的情况。在球场上，前锋用力量去保护后锋，而后锋用速度去支援前锋，只有这样互补才能成就一支立于不败之地的球队。

（4）纪律。纪律是橄榄球运动在场内场外都不可或缺的部分。橄榄球被称为"君子和绅士的运动"，之所以存在这么多年，离不开橄榄球人对纪律的严守。在激烈的球赛中，严惩一切暴行和不安全行为，只要动作危险，不管是否造成伤害都要被罚出场外。其严格的规则保障着球场上每一位的队员安全。个体服从团队，从团队的利益出发，难免会牺牲一些个人的自由。这是橄榄球队中的传统，也是加入这个团队所必须遵守的。

（5）尊重。尊重队友、对手、球赛工作人员和其他橄榄球参与者是橄榄球队员应该有的素质。尊重裁判和对手,每次比赛结束,获胜队都会排成两排,为对手鼓掌以示对对手的尊重和鼓励。这种行为渐渐成为了橄榄球的传统,成为约定俗成的赛后行为。尊重对手也是对自我的尊重,拥有"望天空云卷云舒"的气度,也是一个橄榄球运动员应该有的修养。

2．英式触式橄榄球课程思政教学目标

（1）掌握基本的专项技术,学会科学的技术训练方法,培养学生参与体育运动的兴趣、习惯和能力,养成终身体育锻炼的意识。

（2）掌握基本的专项战术和战术修养,学会在科学战术原则下根据需要制定战术,培养发现问题和解决问题的能力。

（3）理解并遵守课堂纪律与球场规则,对学生进行思想品德教育,培养良好的道德和意志品质;正确处理竞争与合作的关系。

（4）态度积极、有规律进行身体锻炼并有效提高身体素质,全面发展体能;提高身体素质和人体基本活动能力。

三、课程思政总体设计

表1 英式触式橄榄球课程思政总体设计

课程章节	知识点	课程思政教学要点	所属思政维度	教学方法
理论	英式触式橄榄球的历史与发展	从历史故事中感受项目魅力	文化熏陶	讲授 多媒体演示
	位置介绍与规则讲解	规则设置的原则和其原则基于的精神	纪律	讲解 多媒体演示
	项目核心思政要素导入	了解项目精神	团结、热诚、公平、尊重、纪律	以故事经历讲解
技术	传球、接球、踢球核心技术学习	认真踏实地有针对性地完善技术动作	脚踏实地	演示 巡回指导
	身体素质	保质保量不偷懒	吃苦耐劳	实践练习

续表

课程章节	知识点	课程思政教学要点	所属思政维度	教学方法
战术演练	二到三人战术练习	技术配合相互协调	团结协作	分组练习
	进攻梯度和防守站线配合练习	协调配合	团结协作	
教学比赛	攻防演练	为队友负责、为球队负责地传好球接好球	责任感	一人犯错整队从头开始
	教学比赛	养成高效反馈执行策略的能力	社会适应	分队练习

四、案例教学设计

1. 教学目标

（1）学情分析：本课程对象是刚进入大学的大一新生，他们在之前基本没有接触过英式触式橄榄球，橄榄球对于他们而言是一门零基础的新课。教师要在这一个学期让学生初步掌握英式触式橄榄球的基本技术和规则，对于一些战术配合不做过多要求。而在掌握比赛基础技术之后，可以开展教学比赛，目的是让学生在场地上跑起来，在全攻全守的高强度比赛中增强学生的速度和耐力素质。

（2）知识目标：了解英式触式橄榄球的规则并看懂比赛；对英式触式橄榄球的起源有所了解；理解认可英式触式橄榄球的核心体育精神。

（3）能力目标：了解英式触式橄榄球各方面规则、战术和精神的基础知识；掌握最基本的传球、接球和踢接球技术；耐力、速度和力量等身体素质得到提升。

（4）价值目标：养成锻炼身体的良好习惯；注重德育，引导学生在训练和比赛的实践过程中潜移默化地提升团结队友、尊重对手、协调合作等体育精神。

2. 教学手段与方法

（1）技术练习时先用示范演示的方法详细讲解动作和每个阶

段的注意事项,然后用巡回指导的方式有针对性地对学生的技术动作进行纠正或设计阶段性练习方法纠正错误动作。

（2）战术教学时强调责任心,要负责地传好和接好每一球。对于团队配合的练习出现失误的情况,以团队形式进行加量练习。培养学生"人人为我、我为人人"的责任意识。

3. 课程思政元素分析

（1）吃苦耐劳的意志品质。英式触式橄榄球对于学生身体素质的要求很高,对耐力、爆发力、速度和力量等各方面有着积极影响。每一次防守队员在身后追赶时的再加速都是对学生意志品质的锻炼。

（2）团队协作。英式触式橄榄球中对每个球员的容错率有着苛刻的要求,一旦自己这一环出现问题就需要队友来补,这让每位学生在进行比赛时注意力高度集中,失误了对队友有信心,成功了是队友给创造的机会。这种"人人为我、我为人人"的精神能促使团队的每个人高效协作。

4. 教学内容分析

（1）教学内容:双手侧面子弹球传球练习;三人小组区域战术练习;教学比赛。

（2）教学重点:三人小组区域战术练习。

（3）教学难点:传球后的落位与支援的积极性。

5. 教学比赛

教学比赛实践中,可以通过队员配合,增强互助精神。

（1）防守。一般球在进攻方进行摆动时,防守方会放掉一名离球最远的进攻队员,然后防守线会逐渐同步上压形成与对手进攻线平行的一条斜线(如图1所示)。但最后一名防守队员需要将正对自己的进攻队员视为协防队员,而边路的最后一名进攻队员为主防队员,所以最后一名防守队员不能太过上压靠前,因为他需要在协防时利用牺牲纵向空间的方法等待队友补位。

（2）进攻。进攻时要注意传球后向持球队员斜后方落位,根据持球队员位置进行梯度站位。时刻做好加速接球的准备,并将之前学到的边路多人战术灵活运用于比赛。

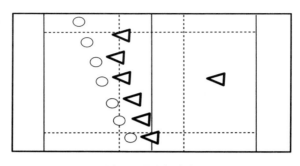

图1 进攻与防守

五、教学效果分析与反思

体教结合,在健身的前提下运用橄榄球进行育人教育,使学生在橄榄球运动中体会勇往直前的顽强拼搏精神,潜移默化地提高意志品质。个人意志服从团队的打球原则也对大学生有着行为规范的功能。除此之外,英式触式橄榄球同样也提高了教师进行课外活动时的凝聚力和向心力。

空手道课程思政设计探索

吕晓标

一、课程基本信息

公元607年,中国和琉球(现日本国冲绳县)开始了政治、文化的交流,随着交流的不断发展和扩大,到了公元1372年,中国的拳法也传入了琉球,使琉球的空手道技术得以丰富和充实。日本的空手道文献《大岛笔记》中记载着从中国来的官员"公相君"和"满月"传授的格斗技术,以至现代空手道"型"中还保留有"公相君""满月"这些名称,以示不忘本源。公元1429年,尚巴志王分别平定琉球岛上中、南、北三王后,为了巩固统治地位,下令禁止人们携带武器。公元1609年,琉球被日本萨摩藩的岛津族征服后,又实行了禁武政策。因此,琉球人民为了强身自卫,暗中学习和练习中国拳法,有的远渡中国福建南少林留学,归国后结合本土的格斗术,创出了独特的"唐手术",这就是最初的空手道。由于空手道的技术核心来源于中国,因而早期被称为"唐手",即中国拳法之意。

我国2006年引进"体育空手道"项目,2007年3月成立中国空手道国家队,2009年1月成立"中国空手道协会"。如今,空手道运动已是我国的全运会项目、亚运会项目和2020年东京奥运会项目。

二、教学目标

1. 课程教学目标

空手道是以身体练习为主要手段,以过程式考核为主要评价方式,通过科学有序的体育教学,以增强学生体质,健全学生身心,完善学生人格,达到立德树人目标的大学公共必修课程;是实施素质教育和培养全面发展的人才的重要途径。

从学生全面发展的角度,以马克思主义认识论为理论指导,采用线上线下混合式教学方法,让学生进行探究式合作学习,使学生学会锻炼,养成自主锻炼的习惯,为身心的全面发展打下基础。教授学生体育与健康理论知识、专项技术与战术并提高身体素质,达到培养具有家国情怀、身心健康的社会主义接班人。

2. 思政育人目标

以"以学生为本""体魄与人格并重"为教学理念,以体育专项课为载体,提炼体育教学中蕴含的德育功能,将体育竞赛融入课堂,通过课堂教学及适当的教学方法及手段,弘扬体育教育中的德育精神和体育品格,使思政工作贯穿体育教学全过程,发挥全面育人价值。

三、案例教学设计

上课前后面对国旗和校徽进行"礼仪"教育,引导学生团结协作、永不放弃、超越自我的意志品质,激发学生的爱国热情,增强其民族自豪感;通过课间的同学间和师生间的礼仪促进学生的礼仪规范;通过欣赏体育运动竞赛视频体验规则;通过学习比赛规程,让学生知道竞赛规则的具体要点,引导学生遵纪守规,公平竞争。以空手道运动的型(套路)和团体型(团体套路)为教学内容,教学流程安排如下:

1. 礼仪学习和提高

学生从师生见面开始就学习礼节,其次进出场地的礼仪,还有大家集体学习训练时的礼仪,直至学生形成良好的礼仪习惯。

2. 规则学习和体验

老师和高年级学员带领学生学习活动,传授其空手道运动规则,并实操教练员和裁判员的技法。

3. 教学比赛

随着学习的深入,学生在老师的带领下,分裁判员、工作人员和运动员3组人员,进行教学比赛。比赛从班级到社团,再到校级,提高了学生的组织能力、协调能力、体育赛事的组办能力和空手道运动的专业技能。

4. 参加上海市和全国比赛

经过老师多年的培养,空手道学员也以老带新,优秀的学员代表学校参加上海阳光联赛空手道比赛和全国大学生空手道比赛,并都有很好的比赛成绩。参赛为学校争光,提高了学生的身心素养和社会能力。

四、课程思政教学效果

1. 提高了礼仪认知

图1　师生间和同学间礼仪　　图2　训练和学习场所悬挂国旗、校徽和会徽

泱泱中华,礼仪之邦,空手道形成和向外传播过程中,一直讲究武德,先礼后兵,始于礼终于礼。空手道成为世界空手道联盟的项目后,每个国家及其地区代表队代表自己的国家和地区比赛,都有"(国)旗礼"和集体礼仪仪式(运动员、裁判员和教练员等均需参加),提高了学生的礼仪认知,让学员们知道尊重和感恩。

2. 增强了集体主义和爱国思想，提高了遵纪守法觉悟

图3　3人团体型训练中　　　图4　校运动会20人集体汇演

为了考试、表演和比赛，通常由3人或多人一起训练和展演，在其过程中，成员间的沟通和协作，改善了同学间的人际关系，提高了学生的沟通能力，增强了集体主义精神，特别是市级和国家级的赛事活动，更提高了学生的荣誉感和爱国思想。在活动中，以体育规则为载体，提高了学生遵纪守法觉悟。

3. 强化了团结意识和努力拼搏精神

图5　校文体节目汇演　　　图6　学生在上海市获奖后合影

不论个人项目还是团体项目，学生想提高技能，都要跟老师和学长良好地配合，特别是团体项目要求一致性，更要求团结和很高的协

同性。学生在遇到瓶颈期时,只有努力拼搏才能突破,当突破瓶颈而进步时,才能体会拼搏而带来的收获,进而促成学生形成"拼搏精神"。

4. 提高了学生的运动技能和抗压能力,为学校争光添彩

图7　参加第九届中国大学生空手道锦标赛

在不断的学习训练和交流比赛中,学生的身体素质不断提高,同时他们的技能也提高了。在比赛前期、期间和后期,学生赛前的担心、赛间的紧张和沉着、赛后的骄傲(或失落)以及如何处理这些情绪,在这个过程中,学生都得到心理成长,部分学生取得好成绩也为学校争得了荣誉。

空手道运动是新的奥运会项目,还不被大多数人熟知,当代人还要继续努力。其实空手道就是中国传统武术流传到日本形成的,其比赛模式源自中国的"武举制"——点到为止和寸止。

在学校体育部领导支持下,上海理工大学的空手道运动比较早地进入课程、市级赛事和全国赛事,也取得了不错的成绩。随着全国空手道项目的纵深发展,学校也逐步改善硬件条件,老师也逐步完善空手道教学技能和提高教学思政认识,为达到更好的教学和训练效果而努力。

柔力球课程思政设计探索

钱立宏

一、课程简介

柔力球是一项由中国人发明的,具有深厚文化内涵和哲理,融传统的太极运动方式与现代竞技双重特征于一体,强调身心内外双修,追求人与自然、人与人、人与球的和谐统一,具有鲜明民族特色的体育运动项目。它借鉴了武术、网球、羽毛球等技术的精髓和规则,形成自己独特的运动方式。它的主要技术特色是一改硬性击球方式,而以将球纳入球拍后的弧形引化后将球抛出。柔力球是一项有氧的全身性、多方位的运动,它不受场地、性别和年龄的约束,打起球来刚柔相济、行云流水、连绵起伏、趣味无穷。柔力球运动形式有体操、舞蹈样的套路形式和像羽毛球一样有对抗性的竞技形式,是一项适合各年龄层群体共同参与的运动项目。其集健身性、娱乐性、趣味性、竞技性、表演性、适应性和活动方式多样性于一体,易于推广和普及。通过练习不仅可以提高身心健康水平,也是培养人文素养、树立正确世界观的有效手段。

二、课程思政教学目标

1. 柔力球课程思政特征分析

以"以学生为本""体魄与人格并重"为教学理念,以体育专项课为载体,提炼体育教学中蕴含的德育功能,将体育竞赛融入课堂,通过课堂教学及适当的教学方法及手段,弘扬体育教育中的德育精神和体育品格,使思政工作贯穿体育教学全过程,发挥全面育人价值。

2. 柔力球课程思政教学目标

以柔力球进行的身体练习为主要手段,通过合理的体育教育和科学的体育锻炼过程,达到增长知识、增强体质、增进健康的目的,养成锻炼习惯,培养学生的创新思维、团队合作精神及追求卓越的品质。

三、课程思政总体设计

表1 柔力球课程思政总体设计

课程章节	知识点	课程思政教学要点	所属思政维度	教学方法
第一章	① 体育与健康基础理论知识	掌握运动与健康知识,能够制定个性化运动锻炼方案	科学精神	讲解法
	② 专项理论知识	了解柔力球运动的性质、特点和作用 了解柔力球的技术特点和基本要领 了解柔力球的锻炼方法和注意事项	家国情怀 爱国主义	讲解法
	③ 裁判法及规则	了解比赛规程 会欣赏比赛	道德规范 规则意识	讲解法 案例分析法
第二章	① 基本技术	掌握专项基本技术,培养学生体育专项锻炼兴趣 培养学生终生体育意识和健康生活的习惯 培养学生规则意识	创新能力 团队协作精神	示范讲解法 练习法 纠错法
	② 基本战术	掌握专项基本战术,提高技战术运用能力	创新能力 团队协作精神	示范讲解法 练习法 纠错法
	③ 专项身体素质	提高身体素质,掌握锻炼身体的方法	顽强拼搏精神 超越自我	示范讲解法 练习法 纠错法 鼓励法

四、案例教学设计

1. 教学目标

（1）运动技能目标：掌握柔力球的基本知识、技术、技能，激发学生学习兴趣，养成自觉锻炼的习惯，为终身体育打下良好的基础。

（2）生理健康目标：增强心肺功能，提高速度、耐力、力量等身体素质指标，改善生理健康指标。

（3）心理健康目标：在运动中得到愉快的情绪体验，使人的个性、潜力和创造力得到充分展示，改善心理状况，克服心理障碍。

（4）社会适应目标：以运动中丰富的活动形式及攻防变换的对抗，培养学生勇敢、顽强、拼搏的进取精神，正确处理竞争与合作的关系。

（5）思政教育目标：激发学生对柔力球的学习兴趣，提升学生的人文素养，培育学生的民族精神，发展国家情怀，践行文化自觉、文化自信和社会主义核心价值观。

2. 教学手段与方法

从学生全面发展的角度，以马克思主义认识论为理论指导，采用线上线下混合式教学方法，让学生进行探究式合作学习，使学生学会锻炼，养成自主锻炼的习惯，为身心的全面发展打下基础。

3. 课程思政元素分析

通过了解比赛规程，让学生知道竞赛规则的制定、裁判执法原则是在确保安全的基础上，让比赛更为流畅。引导学生遵纪守规，公平竞争；通过欣赏体育运动会竞赛，例如观看女排顽强拼搏为国争光、在赛场上升国旗、奏国歌的动人场面，引导学生团结协作、锻炼永不放弃、超越自我的意志品质，激发学生的爱国热情，增强其民族自豪感。

4. 教学内容分析

（1）教学内容：体育与健康基础理论知识；柔力球专项理论知识；柔力球专项技术与战术；身体素质。

（2）教学重点：科学锻炼身体的方法；裁判法及规则。
（3）教学难点：锻炼科学监控；技战术运用能力。

五、教学效果分析与反思

1. 课程整体设计要兼顾知识普及、技能形成、文化传承、品德培育等多个角度

作为民族传统体育项目与现代球类体育项目的融合，柔力球课程改革需要避免重技术、轻理论，而应当在技能教学和发展的过程中融入知识传递内容。作为太极拳原理与现代球类运动项目融合的项目，柔力球运动充满了太极拳的知识和哲学思想，柔力球课程应当在技术教学、技能训练、技能考核的过程中融入相关的科普知识，使学生明白是什么、为什么、怎么做的道理。同时，柔力球课程需要充分挖掘其蕴含的中华优秀文化元素，培育学生良好的品德，引导其树立正确的世界观和方法论，以实际行动践行文化自觉、文化自信和社会主义核心价值观。

2. 教学模块应当全面和系统

柔力球课程的教学模块应当具有全面性和系统性。全面性是指柔力球课程既要兼顾民族传统体育运动项目的特点和教学规律，同时又要学习和参照现代球类体育科学的运动训练方法和手段；既要实现学生柔力球运动项目的技能发展，又要将思政教育理念贯穿其中，实现优秀传统文化对学生的熏陶；既要注重技能发展和身体素质提高，又要兼顾心理健康教育，从而提高学生的社会适应能力和道德水平。系统性是知识、技能、素质、思政等多个教学模块内部应当具有贯通性，能够形成完整的课程体系，形成合力，达到培育和发展文化自信的目的，培养学生团结协作能力，增强人文素养，培育家国情怀，推动体育课程改革创新，形成特色的民族传统体育育人方式的课程目标。

3. 知识要点要科学和精准

柔力球运动植根在博大精深的中华文化沃土上，柔力球课程充

满了中华优秀传统文化元素,因此对于柔力球课程教学需要深入探索合理、恰当、准确的教学内容,能够用当前的科学术语对柔力球运动涉及的传统太极知识、文化观念、哲学思想等进行科学的表达。另外,在柔力球运动技术的教学过程中,也要吸取现代体育的训练手段,在增进学生身体素质和健康水平方面提高效率。

4. 育人要素要多样

柔力球课程育人要充分挖掘历史和现代的多种元素,做到育人元素的多样性。例如在讲解柔力球运动的太极理念时,首先从同学们耳熟能详的太极拳"以柔克刚""借力打力"的运动原理入手,以此培养学生的学习热情,增加民族文化自豪感。

5. 教学方法要恰当且灵活

柔力球是一门新兴的体育运动项目,应当发挥课程特色优势,以线上线下相结合的方式,运用多种教学方法,例如在线上可以就太极拳运动等视频资料进行赏析,了解柔力球运动的历史发展和脉络,以及背后蕴含的中华文化。而在线下则可以发挥讲授法、示范法、纠错法、集体练习法、训练法等传统教学方法的优势,依据教学内容合理选用恰当、灵活的教学方法。

羽毛球竞赛课程思政设计探索
——以"运动员与裁判的培养"为例

谢耀良

一、课程简介

羽毛球竞赛课程根据教师指导管理,学生自主创建球队来参与教学比赛,根据所获得的名次、学生参赛的场次、学生自主管理能力以及学生技战术训练各方面的综合表现来获得体育学分。羽毛球竞赛课程的俱乐部联赛制度打破了教师讲课、学生听课的传统模式。在俱乐部中,学生拥有一定的自主权力,包括对球队运动员去留的决定权,合理安排运动员上场的选择,协调运动员的训练时间和训练强度,合理安排赛事时间,与裁判进行交涉的能力以及队伍凝聚力培养等。

二、课程思政教学目标

1. 羽毛球竞赛课程思政特征分析

为更好地完成高校"立德树人"的根本任务,羽毛球竞赛课程探索新的教育方法,开展各种教学改革活动以期达到新时代课程思政的目的。

课程思政的继承性体现在本课程传承育人功能,教师不仅要教书,还要育人,要求各门学科都要做思想政治教育工作。要求把思想政治教育融入大学生专业学习的各个环节,渗透到教学、科研和社会服务各个方面,在传授专业知识过程中加强思想政治教育,使学生在学习科学文化知识过程中,自觉加强思想道德修养,提高政治觉悟。高校教师在教学过程中都在自觉地贯彻和落实中央相关精神,在默默地进行着课程思政教学实践。

课程思政的创新性体现在把思政元素和职业素养融入通识课程,从而实现"全面思政教育、立体思政教育、创新思政教育"的教育新理念。羽毛球竞赛课程依托受学生喜欢的羽毛球项目,使思政教育不再单纯是"思想政治",还包括人文情怀、现实关怀,同时培养学生正确的法治观念,引导学生主动践行社会主义法治理念。

2. 羽毛球竞赛课程思政教学目标

(1)具备分析比赛、组织比赛、参与比赛的能力。

(2)养成良好的自主学习和团队合作获取知识的能力。

(3)良好的交流、沟通、与人合作的能力。

(4)在羽毛球裁判规则的理论学习和临场实践中,能自觉遵守职业道德和规范,培养规则和法律意识。

三、羽毛球竞赛课程思政总体设计

表1 羽毛球竞赛课程思政总体设计

课程章节	知识点	课程思政教学要点	所属思政维度	教学方法
第一章	掌握羽毛球进阶的技战术	培养坚忍不拔的意志品质	个体性功能	俱乐部训练
	理解羽毛球俱乐部的运行方式和运行内容	培养良好的沟通合作能力	社会性功能	俱乐部训练
第二章	掌握羽毛球裁判规则	培养学生自觉遵守道德规范的能力	思想政治教育功能	理论课教学
	裁判通过临场执裁完善业务能力	培养规则意识以及良好的沟通能力	道德教化功能	教学比赛

四、案例教学设计

1. 教学目标

(1)学情分析:从之前的训练和比赛的各方面情况来看,运动员总体的技战术水平还有待提高,但学生性格和思维较活跃;球队经理需要进一步熟悉比赛工作,大部分学生已经逐渐养成了训练比赛的节奏;裁判员理论知识掌握得比较理想,但是上场之后由于缺乏实战经验,还是会出现错判、误判的现象。

（2）知识目标:运动员熟悉羽毛球的各种技战术;裁判员可以在场上灵活运用所学的规则理论知识。

（3）能力目标:球队经理在组织运动员比赛、安排训练强度上更加合理;裁判员有控制场上秩序和比赛进度的能力。

（4）价值目标:让所有运动员获得互相沟通、互相合作的能力,同时运动员也要认清羽毛球规则在比赛中的重要性。

2. 教学手段与方法

（1）如何处理球队中的球员关系

球队经理虽然技战术上不如队员,但是作为一个队伍的管理者,应该具有领导能力,应该事事尽力而为。羽毛球竞赛课程培养的就是球队经理与运动员互相沟通、互相协调的公关能力。另外,球队经理对外还要具备和赛事举办者沟通协调的能力。

（2）裁判员如何执裁

裁判员在进行理论学习之后,需要教师进行多次临场指导后才有可能掌握比赛场上的局面。因为和书本上裁判规则不同的是,裁判员执裁时并不能带着书本上场翻阅,赛场上的情况也是瞬息万变的,每个运动员的性格也是不同的。需要培养裁判员足够的自信和公正力,才能使得比赛正常进行。

3. 课程思政元素分析

（1）爱国主义教育:通过讲述奥运赛场上诸多颁奖时刻的感人故事,激发学生的爱国情绪,同时在羽毛球竞赛课程中设立颁奖环节,使学生获得沉浸式的体验。

（2）集体主义教育:羽毛球竞赛课程始终秉承团队至上的原则,也就是如何把个人力量合理地贡献到球队中,使得球队可以在该课程中获得最大的利益,这是所有队员互相沟通、互相协调、互相妥协的结果,是集体主义的体现。

（3）思想道德教育:羽毛球竞赛课程中的裁判,就是社会中的

图 1　上海理工大学"飞鸥羽毛球社"成员合影

执法者。一方面,必须贯彻执法者公正公平的理念;另一方面,也要让运动员理解尊重规则、遵守法律的重要性。

4. 教学内容分析

(1) 教学内容:运动员的技战术训练、赛事心理培养;裁判员的理论知识、临场业务能力;球队经理的社会协调能力。

(2) 教学重点:主要集中在比赛和团队建设上。羽毛球竞赛课程有着高度自主性的特点,要求学生自觉地完成训练的任务,这本身对其自控能力就是一种挑战。同时,发掘队伍内部的优秀领导者也是课程的目的之一。可以向学生举例说明:像当年的皇家马德里队一样,尽管拥有贝克汉姆、齐达内、劳尔等诸多世界级球星,但还是无法在西甲连续称霸,这是队内无法平衡各个运动员关系的结果。所以在竞赛班教学中,教师首先要做到的就是把控好经理这一关,让经理了解并团结队伍。协调一个队伍的困难是他们始料未及的,但是通过教师的指导,经理再去调整一个队伍的关系,就显得相对容易一些了。另外,如何让队员尽早融入这个十几人的队伍,也是对以后融入社会、融入工作岗位的一种预演,教师也要根据每个同学的不同性格和技术水平,给与不同的心理和技术指导。所以,通过羽毛球竞赛班锻炼的运动员,虽然在初期遇到了比普通班更大的困难和挑战,但实际上,通过锻炼,这些同学无论在社会适应性、还是自我管理能力,或是集体主义荣誉感方面,都远远优于普通班级的同学。

（3）教学难点:让学生理解并且合理运用规则。教师在竞赛班赛前活动中,讲解了组建队伍的规定:俱乐部人数在 9－13 人之间。在所有参加羽毛球竞赛班的队伍中,不乏把运动员人数招聘到上限的队伍,因为没有充分解读规则,最终导致人数多的队伍反而在期末无法获得好成绩。俱乐部制度的实施相当于开放了市场化经济,人员的选择权全部在经理和队员手中。由于期末成绩会计算个人的出场率,完成一个比赛日至少需要 8 位运动员,人数越少时,出场率必然越高,但会使得每位运动员每场比赛都要到场,并且发生伤病时没有替换运动员;如果运动员人数过多,在替补充分的情况下,会造成出场率下降,甚至部分运动员无法达到最低出场率而导致期末成绩不及格。一个队伍多招一名"无用"的运动员进队,损害的必然是球队的利益。羽毛球竞赛课程想通过合理的规则,使学生明白,在一个高度自由、高度自治的市场环境下,依然要依据规则、理解规则,才能获得成功。

5. 教学过程

（1）准备部分:整队点名以及热身活动。

（2）基本部分:

训练部分:半场前后移动;全场两点高远球。分组比赛:模拟真实比赛的出场名单填写、裁判员执裁、比赛结果统计和球队赛后总结。

（3）结束部分:教师总结。

五、教学效果分析与反思

（1）有助于形成一支执裁水平高质量的裁判队伍。

（2）运动员反馈:羽毛球竞赛课程是一个很好的打球的交流平台,他很乐意参加该赛事。

（3）学生裁判长反馈:希望参加过竞赛班的同学都会一直喜欢羽毛球这项运动。

（4）竞赛课程运动员负责人反馈:希望来参加羽毛球竞赛课程的同学不仅仅是为了学分,希望高水平的运动员越来越多。

网球课程思政设计探索
——以"中国网球运动发展史"为例

董海军

一、课程思政育人目标

通过本课程教学,把学生培养成遵纪守法、诚信守则、团结互助、自信自立、不惧困难、勇敢拼搏、合理竞争、展现自我并具有爱国主义情怀、集体主义精神、积极向上全面发展的人才。

二、课程思政教学设计

时至今日,网球这项运动在我国得到了蓬勃的发展。那么,关于中国网球运动的过去,你了解多少呢?今天我就和大家温故而知新,在历史中寻找答案,一同穿梭时光隧道,探索这颗黄绿色小球在中国的前世与今生。

1. 网球运动起源及在我国的初期发展(19世纪中叶—1949年)

网球是件"舶来品":网球运动孕育于法国,诞生在英国,在美国普及和形成高潮,最终在全世界流行开来。

网球传入我国:19世纪中叶,网球这件"舶来品"由西方官员、商人、传教士和驻军带进中国。其中,备受瞩目的归国华侨邱飞海、林宝华和徐承基三位为我国网球运动的开展奠定了良好的基础。

抗战时期的沉寂:1937年"七七事变"爆发,日寇侵占我国大好河山。我国的体育活动受到形势影响,呈萎缩状态,网球活动亦趋沉寂。

2. 万物复苏、百废待兴(1949—1972年)

随着1949年新中国的诞生,我国的体育事业迎来了蓬勃发展时期。上海由于得天独厚的条件,经济发展较快,上海的网球

图 1　网球的前身

发展也最为活跃。以梅福基、朱振华为代表的上海队表现得尤为突出。"文化大革命"发生后,建国初期发展起来的网球运动受到严重挫折。

3. 从荒废到复苏,向世界敞开怀抱(1972—1990 年)

1972 年,为纪念毛泽东同志题词"发展体育运动,增强人民体质"20 周年,也为中国历史上首次参加亚运会做准备,周总理指示国家体委恢复各项体育活动,国内各类赛事逐步开展起来。1974 年,中国参加了在伊朗德黑兰举行的第七届亚运会,在亚运会网球项目中获得了男团、女团、混双三枚银牌。

随着改革开放,我国打开国门,向世界张开怀抱,也为体育事业注入了活力。各类网球活动也逐渐增多,国际互访也日益频繁,对促进我国网球运动的普及和技术提高起到积极作用。

经过多年的卧薪尝胆,刻苦训练,1986 年韩国汉城亚运会上,中国网球队的第四次亚运会冲金之旅终于迎来了突破,李心意夺得女子单打和双打金牌。

全运会是我国国内最高级别的体育盛会,每四年举行一届,因此,全运会网球金牌也一直是国内各支网球队争夺的焦点。在这个时期网球比赛的整体竞技水平提升很快,新人辈出,呈现出百家争鸣的局面。上海、北京、天津、广东、四川、湖北等省市代表队均获得过全运会网球比赛的冠军。

4. 从亚洲之巅到兵败釜山(1990–2002年)

该阶段我国迎来北京亚运会的盛大举办,在充满干劲的20世纪90年代,随着中国经济飞速发展,高水平的国际赛事和交流越来越频繁,中国网球运动步入全面发展时期。但在亚运赛场上,我国却出现了高开低走的局面。从1990年北京的三金,到1994年广岛的两金,再到1998年曼谷的一金,直到2002年釜山的零金,中国网球在亚运会上的表现令人唏嘘。

5. 雅典摘金奇旅与"大满贯"初体验(2002—2008年)

在2002年亚运会上,中国网球队颗粒无收,中国网协结合实际情况,制定"以女子为重心、以双打为突破口"的策略,大力支持队员走出去参赛,在职业网球圈摸爬滚打,很快取得成效。熬过了这段阵痛时光,中国网球从2004年起,开始了真正意义上的黄金年代。

2004年雅典奥运会,中国运动员李婷/孙甜甜一路过关斩将,最终夺得奥运会女双冠军。

2006年澳网是中国女网的又一个里程碑,川妹子郑洁/晏紫以12号种子身份夺冠,首获"大满贯"荣誉。当年温网,郑洁/晏紫在决赛中击败帕斯奎尔/苏亚雷斯组合,一年内两夺"大满贯"。

6. 金花闪耀"大满贯",中巡赛开创新纪元(2008年至今)

2008年北京奥运会后,中国网球又迎来一个跨时代的新举措——"单飞"。网球健儿们振翅高飞,铸就了新的篇章,"黄金一代"的金花们将中国网球运动带上了新的高度,新一代球员们也开始崭露头角。

2008年北京奥运会之后,中国网协准许李娜、郑洁、彭帅、晏紫四位球员"单飞"。"单飞"可以说是中国网球运动史上一个划时代的举措，它遵循网球运动的规律，从根本上改变了球员的训练和生活节奏，将她们真正送上了职业化的舞台。

李娜在2011年法网和2014年澳网实现了自己的梦想，两夺"大满贯"冠军，成为亚洲网球第一人，曾一度排名世界第二。

2020年，由中国网球协会精心打造的自主IP赛事——中国网球巡回赛横空出世，打响了新冠肺炎疫情之下中国网球复工复产的第一枪。毫无疑问，中巡赛是中国体育和中国网球改革浪潮之下应运而生的产物。中巡赛的举办开启了中国网球的新纪元，不仅有职业、专业高手的精彩较量，也有大众网球的全民狂欢，打通了网球选手晋升的路径。中巡赛的举办满足了专业和职业运动员保持状态、提升水平的需要，更打破了参赛壁垒，涌现出一批优秀的年轻球员。

风雨百年，网球运动在中国走过了一段不平凡的历程，曾遭遇过巨大的挫折，也曾享受过至高无上的荣耀，一代又一代的中国网球人，发扬勤勉敬业、敢为人先的精神，将中国网球的故事传递和延续下去，星火燎原，生生不息。

三、课程思政教学效果

通过课程的讲授，让学生们更深入地了解了中国网球风雨百年的曲折发展历程，进一步培养了他们的爱国主义情操。同时，激发了他们对于网球的强烈好奇心，使其对于网球课程的学习也有了很大的兴趣和信心。

四、课程思政教学反思

网球运动是一项高技艺、强对抗，极具观赏性的体育运动，它对人的力量、速度、柔韧、灵敏和战术意识都有较高的要求。虽然传入我国的时间不长，但逐渐受到很多人尤其青年人的喜爱。通过本课程的学习，希望学生能够更好地了解网球运动在中国发展的曲折历程，从而厚植他们的爱国主义情怀，激发他们学习网球运动的兴趣，形成终身体育的意识。

网球课程思政设计探索
——以"网球运动发展基本理论和基本规则"为例

索红杰

一、课程简介

网球是世界上最流行的运动项目之一,网球一向享有"贵族运动""高雅运动"以及"文明运动"的美誉。网球运动不仅可以强身健体、增强体魄,还可以提高人们的综合素质。网球运动中的技能、心理、准则、礼仪等将网球文化所要求的思想模式、道德规范、行为准则有机地融为一体。网球运动的运动量和运动强度具有可调控性和趣味性,可快可慢、可张可弛,使得参与者以饱满的热情和适合自己的强度在不知不觉中达到了增进健康、增强体质、强壮身心的目的。同时,网球运动隔网对垒,不属于肢体碰撞运动,能减少不必要的伤害。文明、礼貌、高雅的网球文化礼仪来源于 100 多年来传统的习俗、管理者的管理和网球人群的意愿。球员与球员、教练、观众之间始终以礼相待,观众观赏网球比赛中途不能走动和发出声音。现代,网球文化既保留了这种传统网球的文化、礼仪和高雅性,又增强了现代网球运动文化的大众性。一个举止文明、有礼节有涵养的运动员不管在任何地方都是受到大家欢迎的。"以学生为本""健康第一"始终是体育课教学的宗旨。以网球课为载体,在体育教学中重视体育的育人功能和充分发掘网球运动的思政元素,转变教学理念,改革教学方法,使网球课教学起到传授专项技能、促进身体健康的作用,达到"立德树人"的目的。

二、特征分析

网球运动是用球拍隔网击球的对抗性项目。网球运动具有动作舒展大方,球速快、变化多,娱乐性、观赏性、趣味性强等特点,时尚高雅,运动量可大可小,是一项男女老少皆宜的体育项目。经常从事网球运动可增强体质,促进身心全面发展,能有效地提高中枢神经系统的反应能力,改善心血管系统的机能,并能有效地发展速度、力量素质,增强协调性和耐久力,提高动作速度和活动能力,促进身体素质的提高,实现"健康第一"的理念。教学过程中,要充分利用项目优势特征,培养学生坚韧不拔的品质,培养纪律性和规则意识,培养爱国主义情怀,促使学生身心健康全面发展。使学生由学习的"参与者"向体育精神的"传播者"和社会主义核心价值观的"践行者"转变。网球运动发展过程中有很多优秀的爱国主义、集体主义、奉献精神及顽强拼搏的事例,可增强学生的社会主义核心价值观。

三、教学目标

通过理论学习,指导学生在网球运动中表现出良好的体育道德和合作精神,正确处理竞争与合作的关系。弘扬网球课程教育中的德育精神,使思政工作贯穿网球教学全过程,发挥全面育人价值。通过学习网球运动裁判规则,引导学生遵纪守规、公平竞争,增强规则意识。通过了解中国网球发展历程,激发学生的爱国热情,增强其民族自豪感。

表1 网球运动课程思政设计

课程章节	知识点	课程思政教学要点	所属思政维度	教学方法
网球发展基本理论	世界网球运动的发展历程 中国网球运动发展历程	培养学生的爱国主义精神、集体主义精神,树立终身体育的理念	政治认同 爱党爱国 文化自信	讲授法
网球运动基本裁判规则	网球运动单打、双打比赛的基本裁判规则	培养学生公平、公开、公正的竞争意识;培养学生遵守社会规范的意识	社会责任 道德规范 法治意识	讲授法

四、案例设计

1. 教学目标

（1）学情分析：网球是上海理工大学大学生比较喜欢的一个课程项目，但学生运动水平参差不齐。部分学生参加过网球运动，但是对网球运动的发展历程不甚了解，尤其是对中国网球运动发展历程一知半解，这就影响学生更深入地参加网球运动的兴趣和参与意识。同时，大多数同学对网球运动裁判规则认识肤浅，有的甚至按照自己想象的规则进行运动，极大阻碍了运动技能的提升和发展。本课程从网球运动文化出发，根据网球运动特点、运动功能和方法，向学生展示网球课程的优势，讲述网球运动的起源与发展过程，讲授网球运动基本裁判规则，培养学生对网球运动的兴趣，增强参与意识，了解规则，树立终身体育的观念。

（2）知识目标：熟悉网球运动起源与发展的阶段过程，了解中国网球队的发展过程；基本了解网球运动裁判法和规则，有计划地将网球活动作为参加体育锻炼的主要内容之一，并逐步养成自觉锻炼的习惯，具有一定的欣赏比赛的能力。

（3）技能发展目标：提高网球技术水平，提高学生运动能力，培养学生具有参加网球运动竞赛的能力。

（4）身体健康促进目标：养成良好的运动行为，形成健康的生活方式，掌握全面发展体能的知识和方法，正确评价健康状况。增强体质，促进心理健康水平，增强社会适应能力；有效提高中枢神经系统的反应能力，改善心血管系统的机能；并能有效地发展速度、力量素质，增强协调性和提高耐久力，提高动作速度和活动能力；促进身体素质和人体基本活动能力的提高，实现"健康第一"的目的。

（5）思政教育目标：发展人的机智勇敢、沉着冷静、勇敢顽强的意志品质；培养学生的集体主义、爱国主义精神。通过网球运动改善心理状态，形成乐观的生活态度。培养良好的体育道德与合作精神，正确处理竞争与合作的关系，促进学生个体的社会化。

2. 教学手段与方法

（1）从学生全面发展的角度出发，采用线下为主、线上为辅的教学方法，让学生进行探究式合作学习。

（2）采用讲授法，让学生对世界网球运动的发展历程和重要比赛概况有一个全面的了解。

（3）注重专项身体素质练习，提高学生的各项身体机能指标。在教学中注重学生之间的相互协调能力，培养团队合作精神。

3. 课程思政元素分析

通过讲解网球发展历程和世界网球重要赛事概况，可以培养学生爱国主义思想和顽强拼搏精神；通过讲解网球运动基本裁判规则，可以培养大学生的规则意识和道德规范。

4. 教学内容分析

（1）教学内容：19世纪初期，网球才由英、美、法等国的商人及传教士等传入中国。虽然网球的起源在法国，但却在英国发达起来，渐渐地网球成为一项大众化的球类运动。世界网球技术正朝着更加积极主动、特点突出、技术比较全面、战术变化多样的方向发展。指引学生了解网球运动是一项历史悠久并且不断创新发展的运动。

我国于1953年在天津首次举办了包括网球在内的四项球类运动会（篮、排、网、羽），1956年举办全国网球锦标赛，并实行升降级制度，还定期举办全国网球单项比赛、全国硬地网球冠军赛和全国青少年网球比赛。这些竞赛对促进网球技术水平的提高起到了积极的推动作用。

2004年，中国的双打选手李婷/孙甜甜站在了迈阿密大师赛的女双半决赛赛场上，在总奖金高达650万美元的WTA一级赛事的半决赛上留下了中国人的足迹。2004年雅典奥运会，李婷/孙甜甜夺得女子双打冠军。2006年澳大利亚网球公开赛上，郑洁/晏紫夺得女子双打冠军。李娜分别于2011年获得法网和2014年澳网女单冠军，成为中国第一个获得网球大满贯的单打选手。

在学习过程中，让学生认识中国网球运动是国家体育事业的一面旗帜,网球健儿的进步与取得的可喜成绩,是中国特色社会主义道路自信、制度自信、文化自信的生动写照。

在讲述网球运动基本规则时,重点对基本定义和单、双打比赛的方法进行细节讲解。在线教学过程中,对学生不能理解的规则,及时进行详细解答。

通过深入学习网球竞赛规则,让学生知道网球运动是一项公平竞争的体育活动,竞赛对每个参与者都是公平的。在遵守规则的前提下决出胜负,在社会生活中遵守规则就是遵纪守法,在工作单位遵守规章制度,严于律己。学生要学会在网球比赛的竞争中体会胜利与失败,引导学生克服困难,坚持不懈,超越自我,激发拼搏进取精神。比赛让同学之间保持民主合作关系,有利于培养集体意识和协作精神。通过不断的竞争和合作,成功建立起学生对社会、群体和自我的责任感,更好地弘扬集体主义、爱国主义精神。

（2）教学重点:科学锻炼身体的方法;网球运动的裁判规则;网球运动的发展历程。

（3）教学难点:锻炼科学监控;网球裁判法的理解。

5. 教学过程

（1）网球运动的起源与发展讲解(30min)。

（2）中国网球运动发展的讲解(30min)。

（3）网球运动基本规则的讲解(30min)。

五、教学效果分析

通过对学习内容进行题目测试使学生对网球运动的发展过程有更加深入的了解,基本熟悉网球运动的裁判规则,懂得如何欣赏网球比赛。

学生反馈:

"通过对网球起源与发展的学习,了解到网球运动的发展过程,只有对运动文化有深入了解,才能更好地培养对网球运动的兴趣。"

"通过对网球规则的学习,改变了我对网球运动的认识,原来以为网球只是很简单的打来打去,现在学习了规则,才知道网球运动有严格的规则限制。只有遵守规则,才能更好地提高技术,在比赛中更加公平地竞争。同时,了解了规则可以看懂网球比赛和欣赏网球比赛了。"

通过课堂内容学习和案例讨论,引发学生对思政问题的深入理解和思考,同时适时了解学生对课程教学的感想。普遍认为网球运动能培养人们勇敢顽强、机智果断等品质,并且意识到尊重规则的重要性。通过了解中国网球文化和"精神",激发了爱国热情和运动兴趣,为以后的网球运动打下扎实基础。

六、教学反思

一是提高教师师德师风修养,优化课程内容,充分发掘网球课中的育人元素。提高教师职业素养,通过体育教学激发学生强烈的使命感和爱国情怀。包括教师思政水平、思政态度、思政效果。优化课程内容,挖掘思政资源,深度融合体育和思政内容,达到体育教学的目标与思政理论的价值培育,使课堂成为宣扬主旋律、传播正能量的主阵地,通过体育课堂教学达到"立德树人"目的。同时与时俱进,充分发掘体育课堂中的思政元素,将培养全面发展的人才贯穿于课堂教学中。

二是课堂教学应遵循的教学原则和教学要求。网球课要把实事求是、创新思维、突出重点、注重实效作为教学中的基本原则。同时注重在网球课教学中坚持灌输与渗透相结合、理论与实际相结合、历史与现实相结合、显性教育与隐性教育相结合、共性与个性相结合、正面教育与纪律约束相结合的教学方法。

三是网球课程整体设计思路需要兼顾知识普及、技能形成、文化传承、赛事欣赏、提高身体素质、增进健康、品德培育等多个角度。通过网球课的教学,使学生了解、学习和掌握网球运动的基本技术、基本战术及理论知识。通过课程实践,使学生具备网球教学、执裁、实战等综合应用能力,全面提高学生身体素质,强身健体。通过了解网球竞赛规则及比赛记分方法,以提高对网球这项运动的欣赏能力和热爱,逐步养成学生终身体育锻炼的习惯。网球课程思政教学有助于培养学生具有高雅情操、互相帮助的集体主义精神,团队意识及吃苦耐劳的作风,竞争意识与合作精神,法律和规则意识,诚实守信的品格,追求美好事物、积极向上的全面发展人才。

四是以网球课教学为手段,实现体育教学育人的全面性和系统性。放眼全球化教学视角,网球教学既要符合我国学生的身体和技能发展规律,制定科学合理的教学方法,又要参照现代西方体育科学的运动训练方法和手段;既要注重技能发展和身体素质提高,又要兼顾心理健康教育,注重社会适应能力和道德水平的提高。网球课教学中知识、技能、素质、思政等多个教学模块内部应当具有贯通性,能够形成完整的课程体系,形成合力,达到让学生树立文化自信,有助于培养团结协作能力,增强人文素养,培育爱国情怀,推动体育课程改革创新,实现"体"中有"育"的课程目标。

五是教学方法要恰当且灵活。网球教学采用线上教学、线下教学、线上与线下相结合的教学形式,同时依据教学内容合理选用恰当、灵活的教学方法。

乒乓球课程思政设计探索
——以"乒乓球竞赛基本理论"为例

孙　婕　张龙斐

一、课程简介

乒乓球是我国的"国球",有着很强的群众基础。乒乓球具有体积小、速度快、变化多、趣味性强等特点,是一项集趣味、智慧、灵敏、力量、速度于一体的竞技运动。它的运动量可大可小,不同年龄、不同性别和不同身体条件的人都可以参与这项运动。中国乒乓球队在国际乒坛40多年的发展历程中长盛不衰,培养了无数世界冠军,为全民的参与奠定了扎实根基,为发展体育强国注入了强有力的能量。本课程主要围绕乒乓球竞赛课程的课程目标、目的以及乒乓球的基本技术动作、常用步法的介绍展开,首先从体育竞赛的分类及乒乓球竞赛的特点开始,使学生对乒乓球竞赛课程的基本概况有所了解,同时对课程的优势加以认识和充分理解;整堂课通过讲述体育竞赛的分类、竞赛的特点、需要具备的基本技战术能力等,希望学生通过学习增强对乒乓球运动的兴趣,提高体育参与意识,在比赛过程中了解熟悉乒乓球竞赛规则,树立终身体育的观念。

二、课程思政教学目标

1. 课程思政特征分析

中国乒乓球队几十年拼搏不息,攀登不止,长盛不衰,形成了独特的"乒乓精神",是宝贵的思政内容。教学过程中,要充分利用该项目优势特征,培养学生坚韧不拔的品质,培养纪律性和规则意识,培养爱国主义情怀,促使学生身心健康、全面发展。使学生由学习的"参与者"向体育精神的"传播者"和社会主义核心价值观的"践行者"转变。乒乓球运动发展过程中有很多优秀的爱国主义、集体主义、奉献精神及顽强拼搏的事例,可增强学生的社会主义核心价值观。

2. 课程思政教学目标

通过理论学习指导学生在乒乓球运动中表现出良好的体育道德和合作精神,正确处理竞争与合作的关系。要弘扬乒乓球课程教育中的德育精神,使思政内涵贯穿乒乓球教学全过程,充分发挥全面育人价值。通过学习体育竞赛与竞赛规则的讲解,引导学生遵纪守规、公平竞争,增强规则意识。通过了解中国"乒乓精神",激发学生的爱国热情,增强其民族自豪感。

三、课程思政总体设计

表1 乒乓球课程思政案例设计

课程章节	知识点	课程思政教学要点	所属思政维度	教学方法
体育竞赛的分类、特点以及乒乓球的基本竞赛规则	体育精神、体育竞赛的分类及基本竞赛规则	①培养爱国主义精神 ②培养集体主义精神 ③树立规则意识	政治认同 爱党爱国 文化自信	讲授法
乒乓球的基本技战术	乒乓球的基本技术动作以及技战术	①培养学生公平、公开、公正的竞争意识 ②培养学生遵守社会规范的意识	社会责任 道德规范 法治意识	讲授法

1. 教学目标

(1) 学情分析:

乒乓球作为上海理工大学大学生比较喜欢的一个课程项目,运动水平参差不齐。大多数学生参与过乒乓球运动,但是对乒乓球运动的发展历程不甚了解,尤其对中国乒乓球运动长胜不衰的历程一知半解,这就影响到学生更深入地加入乒乓球运动的兴趣和参与意识。同时,大多数同学对乒乓球运动裁判规则认识肤浅,这极大阻碍了运动技能的提升和发展。本课程从体育精神开始,讲到体育竞赛的分类,再到乒乓球的竞赛规则,最后讲乒乓球的基本技术动作,根据乒乓球运动特点、乒乓球的基本技战术,向学生展示乒乓球竞赛课程的整体框架,以培养学生对乒乓球运动的兴趣,增强参与意识,了解竞赛规则,树立终身体育的观念。

(2) 知识目标:了解体育竞赛的分类和乒乓球的体育精神,知道中国乒乓球队的发展过程和长盛不衰的原因。掌握乒乓球的基本竞赛规则以及了解乒乓球的基本技战术,有计划地将乒乓球活动作为参加体育锻炼的主要内容之一,并逐步养成自觉锻炼的习惯,具有一定的欣赏比赛的能力。

(3) 价值目标:培养大学生爱党爱国、团结协作的精神,培养大学生的规则意识和道德规范,培养大学生顽强拼搏的意志。

2. 教学手段与方法

从学生全面发展的角度出发,采用线下为主、线上为辅的教学方法,让学生进行探究式合作学习。采用讲授法,让学生掌握乒乓球的基本竞赛规则,了解乒乓球基本技战术。

3. 课程思政元素分析

通过讲解体育竞赛的分类和中国"乒乓精神",可以培养学生爱国主义思想和顽强拼搏精神;通过讲解乒乓球的基本技战术、乒乓球基本竞赛规则,可以培养大学生的规则意识和道德规范。

4. 教学内容分析

(1) 教学内容:在讲述体育竞赛的分类时,着重讲述体育竞赛分为竞争性体育竞赛和对抗性体育竞赛,乒乓球则属于对抗性体育竞赛的一种,是通过个体进行对抗的项目,乒乓球一定是在具有一定水平的前提下,才能有较大的运动量,所以想要打好乒乓球,基本功的不断练习是必不可少的。

在讲述体育精神时,着重讲述"国球"的由来,通过一些学生耳熟能详的案例认识中国乒乓球队几十年拼搏不息、攀登不止所形成的"乒乓精神"。中国乒乓球队成立于1952年,队训是"你不要这一分,祖国还要这一分",在全国人民的热情支持下,中国乒乓球队拼搏不息,攀登不止,经历了由弱到强、持久昌盛的发展历程。1959年,中国运动员容国团用多变战术一路过关斩将,勇夺第一个世界冠军。1961年,邱钟惠夺取了第一个女子世界冠军,这极大地激发了广大青少年参与乒乓球运动的热情,也促进了我国的乒乓球技战术水平进一步提高。1971年,中国在第26届世锦赛上推出的震撼世界的"乒乓外交",更是打开了中美两国人民之间的友好往来的大门,加快了中美建交的进程,被称为"小球转动大球"的传奇。1981年,在第36届世界乒乓球锦标赛上,我国囊括了全部比赛项目的7个冠军,创造了世界乒乓球锦标赛的新纪录。1995年至今,中国队在三大赛中更是获得全部金牌的近90%。中国乒乓球队屹立国际乒坛几十年,所获得的冠军不计其数,不但为国人赢得无数骄傲,更是征服了全世界的球迷。

图1　容国团

图2　邱钟惠

学习过程中,让学生认识到中国乒乓球运动是国家体育事业的一面旗帜,几代乒乓健儿用精彩的故事演绎了鼓舞人心的"乒乓精神",是中国特色社会主义道路自信、制度自信、文化自信的生动写照。通过观看中国乒乓球队赛场上升国旗、奏国歌的动人场面,激发学生的爱国热情,增强其民族自豪感。

在讲述乒乓球运动基本技术动作时,重点对正手攻球和常用步法做细致讲解和分析。在线教学过程中,重点对学生的徒手挥拍动作进行在线指导纠错。

通过深入学习乒乓球的基本技术动作,让学生知道乒乓球运动是一项需要长期坚持的体育活动,唯有持之以恒,用心学习,才能取得收获;懂得一分耕耘一分收获的道理。竞赛课程主要以竞赛为主,线下教学的竞赛活动持续开展,开展的原则要依照乒乓球竞赛规则。没有规矩不成方圆,在社会生活中遵守规则就是遵纪守法,在工作单位遵守规章制度,严于律己。让学生在乒乓球比赛的竞争中体会胜利与失败,引导学生克服困难,树立坚持不懈、超越自我、激发拼搏进取精神。比赛让同学之间保持民主合作关系,有利于培养集体意识和协作精神。通过不断的竞争和合作,成功建立起对社会、群体和自我的责任感,有助于更好地培养集体主义、爱国主义精神。

(2)教学重点:体育精神及竞赛的分类;乒乓球基本竞赛规则以及乒乓球基本技战术。

(3)教学难点:体育精神的感悟和理解;乒乓球基本技术和战术之间的关系以及如何在比赛中运用。

5. 教学过程

体育精神及竞赛的分类(30min);乒乓球基本技术(30min);乒乓球基本技术和战术的关系(30min)。

四、课程思政成效评价

1. 教学效果分析

通过在线对基本功正手攻球和两点走位的学习,学生对正手攻球的基本动作要领、步法的移动以及步法和动作如何配合移动有了清楚的认识。在课程快要结束时,多数同学都能有正确的基本框架,还有细微的需要调整,但这离正确动作打到球还是有很大距离的,需要不断重复练习动作,在线下课上多尝试,最终掌握技能。

2. 学生反馈

"通过对基本功正手攻球及正手两点走位的学习,能够知道步法和手是如何协同配合的,给了自己学习的方向和目标,知道了学习乒乓球技术的方法。"

"通过体育竞赛的分类和体育精神的讲解,我了解了乒乓球运动的起源与发展创新过程。只有对运动文化有深入了解,才能更好地培养对乒乓球运动的兴趣。同时我还认识到中国乒乓球运动发展到今天是经过几代人的不断努力才有的结果,对此充满深深的自豪感,也成为我今后学习和生活的动力。"

"通过对乒乓球竞赛和乒乓球基本规则的学习,我认识到参加竞赛课程掌握竞赛规则的重要性,只有遵守规则,才能更好地提高技术,在比赛中更加公平地竞争。同时,我了解了规则,可以看懂乒乓球比赛和欣赏乒乓球比赛了。"

通过课堂内容学习和案例讨论引发学生对于思政问题的深入理解和思考,收集反馈意见,适时了解学生对课程教学的感想。学生们普遍认为乒乓球运动能培养一个人勇敢顽强、机智果断等品质,并且意识到尊重规则的重要性。

五、课程思政教学反思

乒乓球竞赛与基本理论的思政设计要充分利用乒乓球文化的教育价值,在教学过程中,不仅仅让学生掌握乒乓球技战术,更要告知学生将技战术更好地运用于竞赛当中。乒乓球运动作为竞技项目,是以最终比赛的成绩评判胜负的,参赛者的技术和心理战术是比赛取胜不可缺少的重要因素,每一分的得与失,都会影响比赛的结果。在教学比赛中要教育学生做到"每分必争",不仅能够培养学生坚韧不拔、自尊自信的品德,还能够激发学生创新和竞争的意识。

在乒乓球竞赛课程的思政教学中要向学生传递其政治价值,培养爱国主义情怀;中国乒乓球队几十年拼搏不息、攀登不止所形成的"乒乓精神"也产生了广泛的效应,对各行各业都起到了极大的鼓励作用。在强大的"乒乓精神"支持下,民族精神得到了升华。著名的"乒乓外交",让人称赞中国"小小银球转动了地球"。通过观看中国乒乓球队夺金升旗仪式,听奏国歌,激发学生的爱国主义情怀,提高民族自豪感。

乒乓球竞赛课程教学,要充分发挥竞赛的优势,使学生在课程中感受竞赛带来的竞争、紧张、放松、快乐,秉承友谊第一、比赛第二的原则,在竞赛中不断成长,不断进步,培养拼搏意识、团队意识,使学生真正参与到课程当中来,并帮助其树立终身体育的观念,发挥全面育人价值。